국어도 풀고, 사회도 풀고, 과학도 풀고

논술? 장난이 아니라구~

논술은 흔히 말하는 '벼락치기'가 통하지 않습니다.
주어진 논제와 제시문을 정확히 파악하고 자신의 생각을 정리하여 한 편의 논리적인 글을 완성한다는 것은 벼락치기로 터득될 수 있는 것이 아니기 때문입니다.
논술은 읽고, 보고, 듣고, 생각하고, 느낀 바를 가치있게 표현하는 전체의 과정입니다. 이런 과정이 하루 아침에 완성될 수는 없습니다.
하지만 논술을 억지로 원고지를 채워야 하는 머리 아픈 과정으로만 생각해서는 진짜 논술 실력을 키울 수 없습니다. 단순한 원고지 채우기가 아니라 스스로 사고하여, 자신의 생각을 정리하고 그것을 다른 사람에게 나타낼 수 있다면 여러분은 이미 논술의 모든 것을 터득한 것입니다.
지금부터 쉽고 즐거운 논술이 시작됩니다.
여러분은 따라오기만 하면 되지만, 단기간에 자신의 실력이 눈에 띄게 늘지 않는다고 조급해하실 필요는 없습니다. 팔굽혀펴기를 10번 하던 학생이 11번 하게 되는 것은 10번까지의 노력이 아니라 11번째의 마지막 필사의 몸부림 때문입니다. 논술도 그렇습니다. 실력이 늘지 않는 것 같고, 언제나 그 자리인 것 같은 생각이 들어도 포기하지 말고, 끝까지 재미있게 생각하는 습관을 기르며 생각을 다듬어 가다 보면 분명히 논술 실력은 늘게 되어 있습니다.
이 책에서 배우게 될 이 세상의 많은 일들과 여러분 주변의 크고 작은 이야기들에 작은 관심을 기울여 생각하기 시작한다면, 여러분은 논술 영웅의 길로 들어선 것입니다. 「바깔로레아 초등 교과 논술」과 함께 그 길을 가다 보면 어느새 달라진 여러분 생각의 크기를 확인할 수 있을 것입니다.

지은이 **서울대 국어교육학 박사 박학천**

- 국어 사회 과학 + 독서 논술 토론 통합프로그램입니다.
- 쉽고 부담 없는 자료를 편하게 따라만 가면 저절로 사고력, 독해력, 이해력이 자라는 검증된 프로그램입니다.

단원별 학습 목표 및 구성

week 01
발상사고 혁명

실질적인 〈발상·사고〉 훈련
- 고정 관념을 깨고, 개성적인 사고를 기릅니다.
- 스스로 질문하고 비판하는 시각과 자세를 기릅니다.

week 02
교과서 논술 01

〈국어 능력〉 심화 학습
- 국어 교과서 선행 학습으로 단원의 핵심을 이해합니다.
- 수행평가, 서술형 논술형 문항으로 국어과 학습 능력을 키웁니다.

※ 교과서 활용 : 『듣기·말하기』 / 『읽기』

week 03
독서 클리닉

실질적인 〈읽기 능력〉 향상 훈련
- 억지로 읽기보다는 읽는 맛과 재미를 알려 줍니다.
- 비판적 읽기, 개성적 읽기로 글을 보는 안목을 키웁니다.

week 04
교과서 논술 02

〈국어 능력〉 심화 학습
- 국어 교과서 선행 학습으로 단원의 핵심을 이해합니다.
- 수행평가, 서술형 논술형 문항으로 국어과 학습 능력을 키웁니다.

※ 교과서 활용 : 『듣기·말하기』 / 『읽기』

병아리도 날 수 있다!

week 05
영재 클리닉 01

사회 교과서를 활용한 영재 심화 학습
- 통합 교과 시대를 대비, 사회과 학습 테마를 논술로 연결시켜 쉽고 재미있게 초중고 학습 과정의 주요 주제와 쟁점을 알려 줍니다.

※ 교과서 활용 : 『바른 생활』/ 『사회』

week 06
교과서 논술 03

〈국어 능력〉 심화 학습
- 국어 교과서 선행 학습으로 단원의 핵심을 이해합니다.
- 수행평가, 서술형 논술형 문항으로 국어과 학습 능력을 키웁니다.

※ 교과서 활용 : 『듣기·말하기』/ 『읽기』

week 07
영재 클리닉 02

과학 교과서를 활용한 영재 심화 학습
- 통합 교과 시대를 대비, 과학과 학습 테마를 논술로 연결시켜 쉽고 재미있게 초중고 학습 과정의 주요 주제와 쟁점을 알려 줍니다.

※ 교과서 활용 : 『슬기로운 생활』/ 『과학』

week 08
논술 클리닉

『쓰기』 교과서를 활용한 논술 훈련!
- 쓰기 교과서로 쓰기 학습 능력을 키운 후, 생활문에서 본격 논술까지 자신 있게 자신의 견해를 글로 표현하도록 유도합니다.

※ 교과서 활용 : 『쓰기』

차례

발상사고혁명	반드시 그래야 하나요?	05
교과서 논술 01	감동의 물결	13
독서 클리닉	흥부는 착한 사람? 나쁜 사람?	23
교과서 논술 02	아는 것이 힘	33
영재 클리닉 01	너희가 지도를 알아?	43
교과서 논술 03	여러 가지 생각	51
영재 클리닉 02	신기한 물질	61
논술 클리닉	세상에서 가장 소중한 보물	71
신통방통 서술형 논술형	국어 술술 사회 술술 과학 술술	81

책 속의 책 | GUIDE & 가능한 답변들

반드시 그래야 하나요?

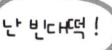

치즈가 쫙~먹고 싶죠?
이 사진을 보고 느낀 점을 말해 보세요.

반드시 그래야 하나요?

01 멋진 운동화를 만들어 보자!

1 빈칸에 들어갈 말을 채우시오.

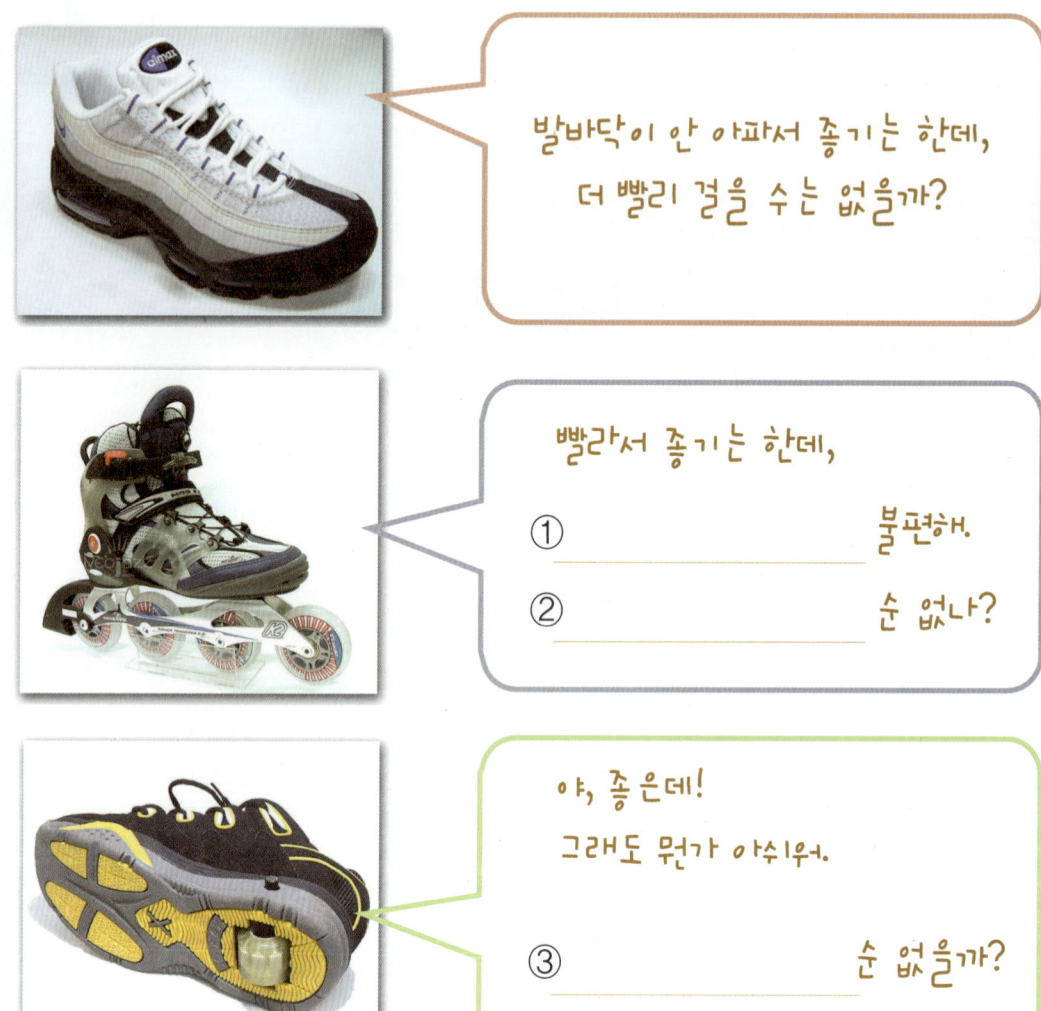

발바닥이 안 아파서 좋기는 한데, 더 빨리 걸을 수는 없을까?

빨라서 좋기는 한데,

① _____ 불편해.

② _____ 순 없나?

야, 좋은데! 그래도 뭔가 아쉬워.

③ _____ 순 없을까?

2 내 운동화에만 있었으면 하는 '특수한 기능'을 상상하시오.

_____

_____

※ 다음 글을 읽고, 함께 생각해 보시오.

창의적 사고를 하는 방법 중의 하나는 전혀 다른 두 개의 사물을 하나로 합하는 것이다. 치약 달린 칫솔이나 그릇과 흙을 결합한 꽃을 심는 화분, 바퀴 달린 신발 등은 아주 좋은 예이다. 신발과 바퀴는 전혀 관계가 없어 보이지만 하나로 합쳐져 멋진 아이디어 상품이 된 것이다.

두 사물이 관계가 없어 보일수록 더 창의적인 아이디어가 나올 가능성이 크다. 휴대 전화는 어차피 소리를 듣는 도구이니 전화를 받으면서 목소리를 녹음하는 녹음기나 음악을 듣는 용도를 합하는 것도 가능하다. 하지만 이런 아이디어 결합 상품들보다 카메라가 달린 휴대 전화, TV를 볼 수 있는 휴대 전화가 더 많은 인기를 끌고 있다. 그 이유는 거리가 먼 것들을 하나로 결합했기 때문이다. － 『한겨레신문』, '창의력ㄱㄴㄷ' 중에서

3 두 개를 합쳐서 새로운 아이디어 상품을 만드시오.

| 택시 | 자전거 | 돼지 | 공책 | 김치 | 전화기 |
| 비행기 | 연필 | 신발 | 커피 | 물 | 모자 |

① _____와(과) _____ : _____

② _____와(과) _____ : _____

③ _____와(과) _____ : _____

02 고정 관념 벗어던지기

※ 다음 두 글을 읽고 함께 생각하시오.

다운받자 최신 벨소리!

사업에 실패하고 괴로워하는 한 남자가 있었다. 그가 지하철에 힘없이 앉아있을 때 어디선가 '따르릉~' 하고 휴대 전화가 울렸다. 그러자 앞자리의 남자가 휴대 전화를 꺼내들었고, 자기 전화가 아니라는 것을 알고는 다시 주머니에 집어넣었다. 그런데 그 남자만 그런 것이 아니라 서너 명이 똑같이 전화기를 꺼냈다가 다시 집어넣는 것이었다. 그 순간 그의 머리 속에 갑자기 번개처럼 ㉠ 좋은 생각이 떠올랐다.

그는 그 길로 달려가 다양한 음악 소리가 울려 퍼지는 휴대 전화를 만들기 시작했다. 사람들은 처음에는 어떻게 휴대 전화에서 음악 소리가 나느냐고 그를 비웃었다. 그러나 그가 음악이 벨소리로 나오는 휴대 전화를 내놓자, 수많은 사람들이 자신의 벨소리를 다양한 음악으로 바꾸기 시작했고, 그는 이 기술로 성공한 사업가가 되었다.

단팥빵

기무라 야스베라는 일본 사람이 처음 제과점을 열었을 때, 아무리 애를 써도 장사가 잘 되지 않았다. 그래서 그는 여러 가지로 생각해 보았다.

'이렇게 장사가 안 되면 나는 곧 망하고 말 거야. 어떻게 하면 좋을까?'

그는 궁리 끝에 다른 제과점에서는 구할 수 없는 새로운 과자를 개발하기로 마음먹었다.

'그래, 새로워야 돼. 그리고 누구나 좋아할 수 있는 그런 것이어야 해. 그런 것은 무엇일까?'

며칠 동안이나 새로운 빵을 연구하던 기무라는 만두를 먹다가 기막힌 아이디어를 떠올렸다.
'그래, 만두처럼 빵 속에 고물을 넣는 거야. 일본 사람이 좋아하는 단팥을 넣으면 아주 맛있겠지.'
그는 즉시 단팥을 넣은 빵을 만들어 가게에 내놓았다. 그 단팥빵은 내놓자마자 날개 돋친 듯 팔려나갔다.
이것이 단팥빵의 시초이며, 기무라는 이 팥을 넣은 빵 덕분에 유명해졌다. 그 뒤에도 그는 이런 작은 아이디어를 계속 고안해냈고 마침내 일본 제일의 제빵업자가 되었다.

1 ㉠의 '좋은 생각'이란 과연 어떤 생각일지 쓰시오.

2 기무라 야스베가 단팥빵을 개발할 수 있었던 이유는 무엇일까요?

3 우리 주변에는 이렇게 "꼭 그래야 돼?"라고 생각할 수 있는 것들이 많답니다. 여러분도 아무도 생각하지 못한 새로운 물건을 상상해 보시오.

발상 사고 혁명

새롭게 생각해요

앗, 외계인이 나타났다!

※ 다음 그림을 보고, 물음에 답하시오.

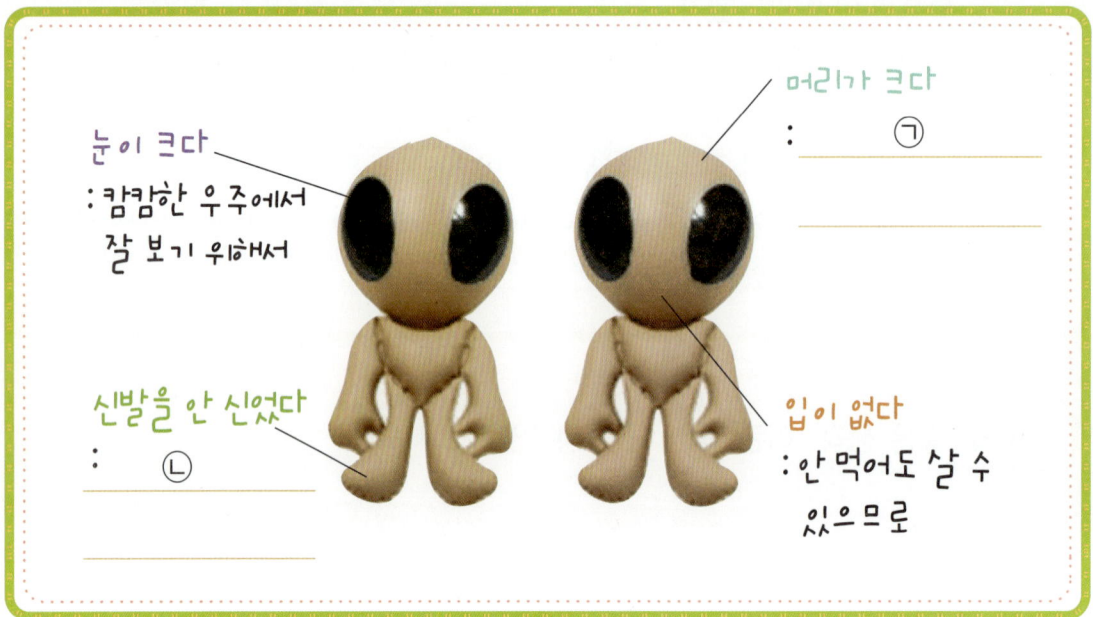

눈이 크다
: 캄캄한 우주에서 잘 보기 위해서

머리가 크다
: ㉠ _____

신발을 안 신었다
: ㉡ _____

입이 없다
: 안 먹어도 살 수 있으므로

1 외계인은 정말 있을까요? 여러분의 생각을 말해 보시오.

① 외계인은 말이죠... _____

② 왜냐하면 말이죠... _____

2 외계인이 있는지 없는지 사실 알기 어렵죠. 그래도 사람들은 대부분 이 그림처럼 외계인을 그립니다. 왜 그럴까요?

3 그림 속의 외계인은 머리가 크고, 신발도 신지 않았어요. 왜 그럴까요? ㉠, ㉡에 들어갈 알맞은 이유를 쓰시오.

㉠ _____   ㉡ _____

4 여러분이 상상하는 외계인을 그리고, 각 부분마다 왜 그렇게 생겼다고 생각하는지 그 까닭도 함께 적으시오.

내가 생각하는 외계인은 이래!

아, 이럴 수도 있구나!

※ 다음 그림을 보고, 물음에 답하시오.

1 우리나라를 찾아 동그라미 하시오.

2 이 지도는 평상시에 보던 지도와 모양이 어떻게 다른가요?

3 이 지도를 보고 난 뒤의 느낌을 간단하게 적으시오.

교과서 논술 01

감동의 물결

『말하기·듣기』·『읽기』_1 감동의 물결

흑흑! 감동이야~

01 표정을 읽어라

 듣기   말하기   교과서 5~19쪽 | 학습 목표 : 만화 영화를 보며 표정과 몸짓에 대하여 알 수 있다.

장금이의 꿈

1 장면 ①에 나타난 남자의 표정은 어떠합니까? ( )

① 웃는 표정
② 화난 표정
③ 기쁜 표정
④ 매우 급한 표정
⑤ 미안해하는 표정

2 장면 ②에서 장금이의 표정과 몸짓이 의미하는 것은 무엇입니까? ( )

① 기쁘다.
② 아프다.
③ 놀라다.
④ 애원하다.
⑤ 재미있다.

3 장면 ⑤와 같은 표정을 짓는 때는 언제입니까? ( )

① 칭찬 받았을 때
② 깜짝 놀랐을 때
③ 맛있는 음식을 먹을 때
④ 시험 성적표를 기다릴 때
⑤ 달리기에서 일 등을 했을 때

4 장면 ⑥의 장금이 표정을 보고 장금이에게 어떤 일이 일어났을지 상상해서 써 보시오.

_____
_____

표정의 의미를 찾아라!

1 다음 그림 속 인물의 표정이나 몸짓이 의미하는 내용을 선으로 연결하시오.

(1) 　　　　　• ㉠ 덥다.

(2) 　　　　　• ㉡ 참 잘했다.

(3) 　　　　　• ㉢ 속상하다.

(4) 　　　　　• ㉣ 재미있다.

2 다음 낱말을 그림으로 표현하시오.

(1) 화나다　　　　　　(2) 슬프다

02 시의 세계 우리의 세계

읽기 | 교과서 6~11쪽 | 학습 목표 : 시의 세계와 우리가 사는 세계를 비교할 수 있다.

참새네 말 참새네 글

- 글의 종류 시
- 중심 글감 참새 소리
- 중심 생각 참새네는 말과 글이 '짹' 뿐이어서 배우기 쉽다.

참새네 말이란 게
'짹 짹' 뿐이야
참새네 글자는
'짹' 한 자뿐일 거야.

참새네 아기는
말 배우기 쉽겠다.
'짹' 소리만 할 줄 알면 되겠다.
사투리도 하나 없고
참 쉽겠다.

참새네 학교는
글 배우기 쉽겠다.
국어책도 "짹짹짹……"
산수책도 "짹짹짹……"
참 재미나겠다.

---

1 이 시를 읽고 떠오르는 장면으로 알맞은 것은 어느 것입니까? (　　)

① 아기가 산수 공부하는 모습
② 아기가 사투리로 말하는 모습
③ 아기가 엄마에게 말을 배우는 모습
④ 참새가 나무 위에서 짹짹 하는 모습
⑤ 아이들이 큰 소리로 국어책 읽는 모습

2 참새네 말과 글은 무엇인지 찾아 쓰시오.

_____

3 사람이 다니는 학교와 다른 참새네 학교의 특징은 무엇입니까?(　　)

① 참새네 학교는 놀기만 한다.
② 참새네 학교는 일찍 끝난다.
③ 참새네 학교는 노래만 가르친다.
④ 참새네 학교는 글 배우기가 쉽다.
⑤ 참새네 학교는 선생님이 안 계신다.

4 참새네 학교에서는 왜 글 배우기가 쉽다고 했습니까? (　　)

① 과목이 한 과목이어서
② 글자가 '짹' 한 글자여서
③ 선생님이 쉽고 재미있게 가르쳐서
④ 산수 과학 영어 같은 과목이 없어서
⑤ 참새들이 글자를 배우는 능력이 뛰어나서

 열린 교과서

동물들의 말과 글로 시 쓰기

1 다음 동물들의 말과 글은 무엇일지 쓰시오.

| 음매음매 | | |

2 1에서 쓴 돼지네 말과 글을 이용하여 '돼지네 말 돼지네 글'이 라는 제목의 시를 완성하시오.

1연
돼지네 말이란 게
□ 뿐이야.
돼지네 글자는
□ 한 글자뿐일 거야.

2연
돼지네 아기는 말 배우기 쉽겠다.
□ 소리만 할 줄 알면 되겠다.
사투리도 하나 없고
참 쉽겠다.

3연
돼지네 학교는
글 배우기 쉽겠다.
국어책도 □
산수책도 □
참 재미나겠다.

03 이야기 세계, 우리의 세계

읽기 | 교과서 17~22쪽 | 학습 목표 : 이야기의 세계와 우리가 사는 세계를 비교할 수 있다.

자장 짬뽕 탕수육

- 글의 종류 이야기글
- 중심 글감 우정
- 중심 생각 놀림 받던 전학생 종민이가 재치로 친구들과 친하게 된다는 내용

"왕, 거지, 왕, 거지, ……."
 종민이가 소변기 앞에 서서 지퍼를 내리고 있을 때, 덩치가 제법 큰 아이가 화장실 소변기를 향해 소리치며 왕이라고 정한 자리에 가서 섭니다. 다음에 들어오는 아이들도 눈치로 알았는지 빈자리에는 서지 않습니다. 종민이는 오줌을 누다 말고 어안이 벙벙합니다. 종민이만 거지 자리에서 오줌을 눕니다.
 ㉠"거지래요, 거지래요."
 ㉡얼굴이 홍당무가 된 종민이는 눈물까지 글썽입니다. 이사 오기 전에 다니던 학교 친구들의 얼굴이 하나둘 스쳐 지나갑니다.
 종민이는 수업 시간에도 선생님 말씀이 귀에 들어오지 않습니다. 게다가 아까부터 오줌까지 마렵습니다.
 '선생님께 말씀드릴까?'
 그러나 생각뿐 말문이 열리지 않습니다. 기다리던 종소리가 울립니다. 종민이는 얼른 화장실로 뛰어갑니다. 이때 아이 몇 명이 뛰어 들어옵니다. 제비들이 합창하듯 저마다 좋아서 떠듭니다.
 "왕, 거지, 왕, 거지"
 "아니야. 거지, 왕, 거지, 왕."
 다행히 종민이는 왕 자리였습니다. ㉢기분이 나쁘지 않습니다. 아이들이 저마다 왕 자리에 섭니다. 그때 덩치 큰 아이가 들어옵니다.
 "왕, 거지, 왕, 거지, ……."
 큰 덩치는 반대쪽 변기부터 다시 '왕, 거지'를 크게 외치고는 빈자리에 떡하니 섭니다. 큰 덩치는 옆에 있는 종민이를 보고 말합니다.
 "야! 너 아까도 거지더니 또 거지잖아?"

1 아이들이 종민이를 ㉠처럼 놀린 까닭은 무엇입니까? (   )

① 거지처럼 생겨서
② 거지 흉내를 내서
③ 거지 차림을 해서
④ 친구들을 거지라고 놀려서
⑤ 거지 자리에서 오줌을 누어서

2 이야기 속 종민이와 같은 처지에 있는 사람을 우리가 사는 세계에서 찾으시오. (   )

① 힘이 센 아이
② 다정한 아이
③ 친구를 놀리는 아이
④ 친구를 따라하는 아이
⑤ 친구에게 따돌림 당하는 아이

3 밑줄 친 ㉡을 통해 알 수 있는 종민이의 기분은 어떠합니까? (   )

① 창피하다   ② 재미있다
③ 당당하다   ④ 의젓하다
⑤ 경쾌하다

4 종민이가 수업 시간에 집중할 수 없었던 까닭은 무엇입니까? (   )

① 얼굴이 빨개져서
② 선생님께 꾸중을 들어서
③ 덩치에게 왕 자리를 뺏겨서
④ 쉬는 시간에 있었던 일이 재밌어서
⑤ 친구들에게 놀림 받은 일이 생각 나서

5 종민이가 ㉢과 같은 기분을 느낀 까닭은 무엇인지 쓰시오.

_____

_____

_____

교과서 논술 01 **19**

03 이야기 세계, 우리가 사는 세계

큰 덩치는 화장실에 들어서자마자 왕, 거지를 정합니다. 그리고 약속이라도 한 듯 왕 자리에 줄을 섭니다.

종민이가 들어갔을 때에는 다른 반 아이들까지 몰려서 꽤 어수선합니다. 거지 자리는 주인 없이 텅텅 비어 있습니다. 왕 자리는 두세 명씩 줄줄이 서 있습니다.

종민이는 잠시 뭔가를 골똘히 생각합니다. 뭐가 좋은지 종민이는 혼자 히히덕거리며 맨 앞 변기로 갑니다.

"자장, 짬뽕, 탕수육, 자장, 짬뽕, 탕수육, ……."

종민이는 있는 힘을 다하여 크게 외칩니다. 백 미터 달리기 선수처럼 끝 변기까지 잽싸게 뛰어갑니다. 아이들은 화들짝 놀라며 모두 종민이를 이상하게 바라봅니다. 종민이는 빨리 탕수육 자리에 섭니다. 아이들이 여기저기 웅성거리기 시작합니다.

㉠"자장? 짬뽕? 탕수육? 어떤 게 더 좋은 거야?"

이때, 큰 덩치가 다시 앞에서부터 '왕, 거지'를 크게 말합니다.

"왕, 거지, 왕, 거지, ……."

그런데 아이들은 별로 관심이 없습니다. 그저 자장, 짬뽕, 탕수육에만 온정신을 팔고 있습니다.

"난 짬뽕이 최고야."

"난 자장이 좋아."

대부분 자장이 좋은가 봅니다. 큰 덩치도 이제 분위기를 알았는지 ㉡<u>개미만 한 소리</u>로 말합니다.

"나도 자장이 좋아."

왕 자리를 그만두고 자장 자리로 옮깁니다. 이때, 종민이가 큰 소리로 말합니다.

"자장은 이천오백 원! 짬뽕은 삼천 원! 탕수육은 만 이천 원!"

그러자 대부분의 아이들은 탕수육 자리에 가서 섭니다. 그러더니 잠시 뒤, 다시 자기 자리를 찾아갑니다.

"난 그래도 자장이 최고야!"

"난 짬뽕이 맛있어!"

나름대로 까닭이 있습니다. 종민이와 아이들은 환한 웃음을 짓습니다.

6 종민이가 화장실에 가서 한 일은 무엇입니까? (　　)

① 왕 자리에 줄을 섰다.
② 거지 자리에 줄을 섰다.
③ 히히덕 거리며 친구들을 놀렸다.
④ 변기에 '똥 오줌'이라고 이름을 붙였다.
⑤ 변기에 '자장 짬뽕 탕수육'이라고 이름을 붙였다.

8 ⓒ '개미만 한 소리'는 어떤 소리를 말하는지 쓰시오.

_____

_____

7 아이들이 ㉠과 같이 말한 까닭은 무엇입니까? (　　)

① 자장이 좋아서
② 좋은 자리가 없어서
③ 어디가 좋은 자리인지 궁금해서
④ 어떤 음식이 맛있는지 궁금해서
⑤ 어떤 음식이 잘 팔리는지 궁금해서

9 변기 이름을 '왕 거지'라고 했을 때와 '자장 짬뽕 탕수육'이라고 했을 때 달라진 점이 무엇인지 쓰시오.

_____

_____

1 종민이처럼 변기에 이름을 붙인다면 어떤 이름을 붙이고 싶은지 쓰고, 그 까닭도 쓰시오.

- 붙이고 싶은 이름 : _____
- 붙이고 싶은 까닭 : _____

내 것만 소중해

※ 다음 글을 읽고, 물음에 답하시오.

어떤 마을에 누구나 가축을 방목할 수 있도록 개방되어 있는 ㉠<u>공동의 땅</u>이 있었다. 이 마을 주민들은 각자 자신의 땅을 갖고 있지만, 이 공동의 땅에 자신의 가축을 가능한 한 많이 풀어 놓으려 한다. 자신의 특별한 비용 부담 없이 넓은 목초지에서 신선한 풀을 마음껏 먹일 수 있기 때문이다. 각 농가에서는 공동의 땅에 신선한 풀이 자신과 다른 농가의 모든 가축들을 기르기에 충분한가 걱정하기보다는 공동의 땅에 방목하는 자신의 가축 수를 늘리는 일에만 골몰하였다. 주민들의 이러한 행동으로 인하여 공동의 땅은 가축들로 붐비게 되었고, 그 결과 이 마을의 공유지는 가축들이 먹을 만한 풀이 하나도 없는 황량한 땅으로 변하고 말았다.

1 사람들이 공동의 땅에 자신의 가축을 가능한 한 많이 풀어 놓으려 한 까닭은 무엇인지 쓰시오.

_____

_____

2 ㉠ '공동의 땅' 과 같은 것을 〈보기〉에서 모두 찾아 쓰시오.

〈보기〉
공중 화장실   부엌   안방   공원   개인 소유의 논

_____

흥부는 착한 사람? 나쁜 사람?

『흥부전』 다시 읽기

흥부는 왜 저렇게 세금이 많이 밀린 것일까요?
흥부가 무능력해서 그렇다고요? 정말 그럴까요?

흥부는 착한 사람? 나쁜 사람?

01 흥부와 놀부를 파헤친다

※ 흥부와 놀부의 성격을 생각하면서 이야기를 읽어 보시오.

옛날에 흥부와 놀부라는 형제가 살았어.

욕심꾸러기 놀부는 부모님이 돌아가시자 재산을 차지하려고 흥부네 식구를 집에서 쫓아내 버렸지.

그렇지만 마음씨 착한 흥부는 형을 원망하지 않았어. 가난했던 흥부는 배고파 우는 아이들 때문에 놀부를 찾아가서 먹을 것을 좀 달라고 사정을 해 보았지만 항상 혼만 나고 빈손으로 돌아왔어.

그러던 어느 날, 흥부는 구렁이가 공격하는 제비를 구해 주게 되었고, 땅에 떨어져 다친 새끼 제비의 다리를 정성껏 고쳐 주었어. 며칠 후, 제비는 다리가 다 나아서 따뜻한 남쪽 나라로 날아갈 수 있게 되었지.

다음해 봄, 그때 그 제비가 박씨를 물고 흥부네 집으로 돌아왔어. 흥부는 제비가 준 박씨를 심었지. 그 박은 며칠만에 아주 커다란 박으로 자랐어. 흥부는 박을 따서 쓱싹쓱싹 박을 탔어. 그러자 그 속에서 온갖 보물들이 쏟아져 나오는 거야. 흥부네 가족은 박 덕분에 엄청난 부자가 되었지.

이 소식을 들은 놀부는 한참을 배 아파하다가 자기도 부자가 되고 싶은 욕심에 제비의 다리를 일부러 부러뜨리고 다시 고쳐 주었지. 제비는 놀부에게도 박씨를 물어다 주었지. 하지만 그 박에서는 보물 대신 온갖 도깨비들이 쏟아져 나와서 그를 마구 때리고 재산을 다 빼앗아 버렸어.

이 소식을 듣고 달려온 흥부는 놀부를 부둥켜 안고 엉엉 울면서 함께 살자고 했어. 놀부는 그제서야 그동안 자기가 얼마나 많은 잘못을 했는지 깨닫고 후회의 눈물을 펑펑 흘렸대.

내 다리도 고쳐죠~

1 흥부는 왜 가난했나요?

_____

2 이야기에 나오는 두 주인공을 착한 사람과 나쁜 사람으로 구분하시오.

착한 사람	나쁜 사람

잠깐! 흥부는 착한 사람일까요?

사람들은 보통 흥부는 착한 사람이고, 놀부는 나쁜 사람이라고 생각합니다. 그런데 정말 흥부는 좋기만한 사람이고, 놀부는 나쁘기만한 사람일까요? 친구들과 함께 이야기해 보세요.

3 놀부의 좋은 점과 흥부의 나쁜 점을 쓰시오.

놀부의 좋은 점: _____

_____

흥부의 나쁜 점: _____

_____

02 흥부는 무능력하다?

※ 흥부의 인터뷰 기사입니다. 흥부의 잘못이 무엇인지 생각해 보시오.

〈현장 인터뷰〉

흥부, 그를 고발한다!

사람들 사이에서 '착한 사람'이라고 여겨지는 흥부가 사실은 나쁜 사람이라는 것을 알고 계십니까? 오늘 숨겨졌던 이야기를 들어 봅니다.

질문 1
당신은 한 집안의 가장으로서 일을 열심히 해서 돈을 벌 생각은 하지 않고 왜 놀부에게 도움을 받으려고만 했나요?

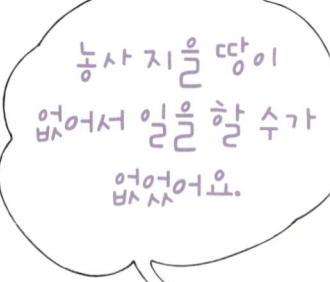 

농사지을 땅이 없어서 일을 할 수가 없었어요.

질문 2
변명하지 마세요. 농사를 짓고 싶었다면 부모님의 재산을 형이 다 차지했을 때 왜 가만히 있었나요?
형제간의 우애만 중요하고 가족들은 중요하지 않습니까? 배고파할 가족들을 생각했다면 싸워서라도 받아냈어야 하는 것 아닌가요?

……

질문 3
돈 벌 능력도 없으면서 왜 아이는 10명이나 낳았습니까? 아이들은 낳기만 하면 저절로 크는 게 아닙니다. 먹이고, 입히고, 가르쳐야 하는 게 부모의 의무 아닙니까?

……

1 인터뷰에서 나온 질문 1~3을 정리해서 흥부의 잘못 세 가지를 쓰시오.

질문 1: _____

질문 2: _____

질문 3: _____

2 흥부는 기자들의 질문에 어떤 대답을 했을지 쓰시오.

질문 1에서: 열심히 일을 하고 싶어도 농사 지을 땅이 없었다.

질문 2에서: _____

질문 3에서: _____

잠깐! 흥부는 무책임하고 무능력하다?

옛날 사람들은 흥부 같은 사람을 착하다고 하였습니다. 그런데 요즘 사람들은 흥부는 가족들을 먹여 살릴 능력도 없으면서 아이만 많이 낳은 무책임하고 무능력한 사람이라고 여깁니다. 여러분도 흥부를 무책임하고 무능력하다고 생각하나요?

03 그래도 흥부는 착해요!!

※ 흥부의 성격을 생각하면서 글을 읽으시오.

> 흥부의 마음씨는 형 놀부와 아주 달랐다.
> '부모님께 효도하고, 어른을 공경하며 친구에게는 믿음을 주고, 굶주리는 사람이 있으면 먹던 밥을 덜어 주고, 길에서 불쌍한 사람을 보면 입고 있던 옷도 벗어 주었다. 할아버지, 할머니가 짐을 들고 가시면 들어 드리고, 길에서 물건을 주우면 그 자리에 지키고 있다가 주인이 찾으러 오면 돌려주고, 길 잃은 어린아이가 있으면 집을 찾아주고……'
> 이렇게 남의 일에 신경 쓰느라고 자기 실속을 못 차리니 놀부가 보기에 얼마나 미웠겠는가.
>
> – 신재효, 『박타령』 중에서

1 놀부가 흥부를 미워한 까닭은 무엇입니까?

잠깐! 가난한 것이 잘못일까요?

이 글을 보니 흥부 참 착하죠? 우리 주변에는 가난해도 착하고 행복하게 살아가는 사람들이 많습니다. 가난한 것이 잘못일까요? 친구들과 이야기해 보세요.

※ 흥부 놀부 이야기를 생각하면서 이 글을 읽으시오.

『흥부전』을 읽고

흥부는 정말 본받을 만한 사람이다

요즘, 흥부를 무능하다고 하는 사람이 많지만 나는 흥부가 좋은 사람이라고 생각한다.

흥부는 형제간의 우애를 소중하게 생각했다. 놀부가 부모님이 물려주신 재산을 몽땅 다 가져 가고, 자기 가족을 쫓아내고, 먹을 것을 얻으러 가면 구박을 했는데도 흥부는 한 번도 놀부를 미워하지 않았다. 또 놀부가 욕심을 부리다가 벌을 받아 가난해졌을 때도 형을 버리지 않고 함께 살자고 한 것을 보면 흥부가 얼마나 착한 사람인지 알 수 있다.

김현민 (대구와룡초)

그리고 흥부는 작은 생명도 소중하게 생각하는 착한 마음씨를 가진 사람이다. 가난하고, 힘들게 살면서도 다리를 다친 제비를 모른 체하지 않고 정성껏 치료해 주었다. 나는 제비 다리가 부러져 있는 것을 보아도 고쳐 줄 생각은 못했을 것이다.

흥부가 이렇게 착했으니 그런 복을 받은 것이라고 생각한다. 그런데 사람들은 그가 가난하고 무능력하다고 욕을 하고 있다. 그 사람의 마음씨는 생각하지 않고, 가난하고 무능하다는 이유만으로 잘못했다고 말하는 건 옳지 않다고 생각한다. 나는 『흥부전』을 읽으면서 흥부처럼 마음씨 착하고 생명을 사랑하는 사람이 되고 싶다는 생각을 하게 되었다.

2 현민이는 흥부의 어떤 점이 본받을 만하다고 했나요?

놀부는 정말 뉘우쳤을까?

※ 혼이 난 뒤 놀부는 진짜 뉘우쳤을까요? 아래 만화와 놀부의 일기를 잘 읽고 생각하시오.

놀부의 일기 ○○년 ○월 ○일

오늘은 정말 운이 나쁜 날이다.
  흥부의 박에서는 온갖 보물들이 다 쏟아졌는데, 왜 내 박에서는 도깨비들만 나오느냐 말이다. 정말 억울하고 분해서 참을 수가 없다.
  더 화가 나는 것은 기다렸다는 듯이 그 흥부 놈이 달려와서는 나를 부둥켜 안고 울면서 함께 살자고 매달리는 거다. 어떻게 해서든지 착하게 보이려고 애쓰는 그 놈이 얄밉다. 하지만 도깨비에게 집과 재산을 모두 빼앗겼으니 당분간은 흥부 놈의 집에서 조용히 지내야겠다.
  흠, 두고 봐라. 언젠가는 내가 다시 흥부 놈의 재산을 다 빼앗아서 다시 부자가 될 테니까.

1 놀부의 일기를 읽고, 『흥부전』의 뒷이야기를 상상해서 쓰시오.

_____
_____
_____
_____
_____
_____

2 욕심쟁이 놀부에게 어떤 말을 해 주고 싶은가요? 놀부에게 하고 싶은 말을 편지로 쓰시오.

놀부 아저씨께

_____
_____
_____
_____
_____

                                                    년   월   일

                                                     올림

나 지금 편지 쓰는 중이야.

신문에서 배워요

※ 아래 신문 기사를 읽고, 물음에 답하시오.

마당놀이 '흥부와 놀부'

객석에 앉아 구경하는 어린이도 직접 참여할 수 있는 마당놀이 '흥부와 놀부'가 서울 롯데월드 민속박물관 놀이마당에서 1월 말까지 펼쳐지고 있다.

극단 코스모스가 진행하는 '흥부와 놀부'는 너무나 잘 알려진 우리의 전래 동화로, 형제간의 사랑과 착하게 사는 삶이 무엇인지를 가르쳐 주는 마당놀이다.

지금까지 구경만 하는 극의 형식에서 벗어나 객석의 어린이들과 함께 의논하고 노래하며 춤추는 '참여 마당극' 형태를 띠고 있어서 직접 참여한 어린이들에게 등장인물의 정서와 감정을 표현케 하여 자기 표현 능력을 길러 준다.

– 『어린이동아일보』 기사 중에서

1 객석에 앉아 구경하는 관객도 직접 참여하여 함께 즐기는 공연을 무엇이라고 하는지 쓰시오.

2 마당놀이 '흥부와 놀부'가 가르쳐 주는 것은 무엇인가요?

3 마당놀이에 직접 참여하게 되면 어떤 능력이 길러진다고 했나요?

01 잘 듣는 것도 힘이다

 듣기   말하기   교과서 21~33쪽 | 학습 목표 : 안내하는 말을 듣는 방법을 알 수 있다.

선생님의 안내 말씀

(가) 이번 현장 체험 학습에 대하여 안내하겠습니다. 선생님 말을 잘 듣고 준비하기 바랍니다. 현장 체험 학습 가는 날은 4월 20일입니다. 장소는 수목원이며, 학교 정문에서 버스를 타고 아홉 시 삼십 분에 출발할 예정입니다. 이날 각자 간편한 복장으로 늦지 않게 학교로 와야 합니다. 준비물은 도시락, 물, 간단한 간식 및 필기도구입니다. 개인적으로 필요한 다른 것이 있으면 간단히 준비해 오도록 합니다. 출발 시간을 정확하게 지켜서 다른 사람들이 기다리지 않도록 해 주기 바랍니다.

(나)
민수 : 혜지야, 선생님께서 수업 끝날 때 무슨 말씀을 하셨지?
혜지 : 현장 체험 학습 가는 것에 대하여 안내하신 것 같은데…….
태희 : 무슨 내용이었니? 난 도시락만 생각하다 잘 듣지 못했거든.
혜지 : 미안, 사실은 나도 친구랑 장난치느라 정확히 듣지 못했어. 강민아, 너는 안내해 주신 내용을 알고 있니?
강민 : 어, 잠깐만. 내가 중요한 내용을 적으면서 들었으니까 알림장을 보고 말해 줄게.

1 (가) 글의 선생님이 말한 순서대로 번호를 쓰시오.

① 복장 안내하기
② 장소 안내하기
③ 날짜 안내하기
④ 준비물 안내하기

( ) ( ) ( ) ( )

2 (나) 글에서 안내하는 말을 듣는 태도가 바른 사람은 누구인지 이름을 쓰고, 그렇게 생각하는 까닭을 쓰시오.

• 듣는 태도가 바른 사람 : (   )

• 그렇게 생각하는 까닭 : _____

_____

 열린교과서

장소마다 달라요!

1 안내 방송을 하는 장소와 안내하는 말을 바르게 줄로 이으시오.

(1)  •   • ㉠ 놀이 기구를 탈 때에는 안전띠를 꼭 착용하시기 바랍니다.

(2)  •   • ㉡ 공원에서는 쓰레기를 버리지 말아 주십시오.

(3)  •   • ㉢ 우리 학교 체육 대회는 5월 4일 10시부터 시작됩니다.

(4)  •   • ㉣ 5번 입구에서 탑승하여 주시기 바랍니다.

2 이 안내 방송에 나타나 있는 내용을 보기 에서 모두 골라 기호를 쓰시오.

제주도행 한국항공 비행기를 이용하실 고객님들께 알려드립니다. 열 시에 출발하는 제주도행 비행기는 예정대로 열시 정각에 출발할 예정입니다. 이 비행기를 이용하실 고객님께서는 아홉 시 삼십 분까지 5번 입구를 통하여 탑승해 주십시오.

보기
㉠ 비행기를 탑승하는 장소   ㉡ 비행기가 출발하는 지역
㉢ 비행기에 탑승하는 시간   ㉣ 비행기가 출발하는 시간
㉤ 비행기가 도착하는 시간   ㉥ 비행기를 조종하는 사람

02 중심 있고 세부 있다 01

읽기 | 교과서 30쪽 | 학습 목표: 문단의 중심 내용과 세부 내용을 구별할 수 있다.

씨앗을 퍼뜨리는 방법

- 글의 종류 설명하는 글
- 중심 글감 씨앗
- 글의 특징 식물이 씨앗을 퍼뜨리는 방법을 설명하는 글

씨앗을 퍼뜨리는 방법은 식물마다 다릅니다. 민들레는 가벼운 솜털 씨앗을 만들어 씨앗이 바람을 타고 멀리 날아갈 수 있도록 합니다. 도깨비바늘은 동물의 털이나 옷에 달라붙어 멀리 옮겨 갈 수 있습니다. 봉선화는 열매가 익으면 저절로 터져서 씨앗이 흩어집니다. 참외는 동물들이 과일을 먹고 다른 곳으로 가서 똥을 누면 멀리 터지게 됩니다.

1 이 글에서 말하고자 하는 것은 무엇입니까? ( )

① 씨앗의 모양은 다양하다.
② 씨앗의 쓰임은 다양하다.
③ 씨앗을 퍼뜨리는 시기가 있다.
④ 씨앗을 퍼뜨리는 방법은 식물마다 다르다.
⑤ 씨앗을 심을 때 주의할 점은 여러 가지이다.

2 이 글을 읽고, 식물과 씨앗을 터트리는 방법을 알맞게 이으시오.

(1) 도깨비 바늘 •   • ㉠ 동물의 털이나 사람의 옷에 달라붙어 멀리 옮겨 간다.

(2) 봉선화 •   • ㉡ 열매가 익으면 저절로 터져서 씨앗이 흩어진다.

3 다음은 이 글의 중심 문장입니다. 빈칸에 들어갈 알맞은 말을 쓰시오.

씨앗을 터뜨리는 □은 식물마다 다릅니다.

씨앗의 모양

씨앗의 모양은 여러 가지입니다. 솜털처럼 가벼운 민들레 씨앗이 있습니다. 뾰족한 모양의 작은 바늘 같은 가시가 있는 도깨비바늘도 있습니다. 주머니 속에 들어 있는 봉선화 씨앗은 까만 구슬 알갱이 모양입니다. 참외의 씨앗은 갸름한 타원형 모양으로 맛있는 과육에 둘러싸여 있습니다.

1 이 글의 세부 내용으로 알맞은 것을 보기 에서 모두 골라 기호로 쓰시오.

> 보기
> ㉠ 솜털처럼 가벼운 민들레 씨앗
> ㉡ 뾰족한 모양의 작은 바늘 같은 가시가 있는 도깨비바늘
> ㉢ 봄이 오면 길가에 노랗게 피는 개나리
> ㉣ 여러 가지 모양의 씨앗

2 이 글의 중심 내용과 세부 내용을 정리하세요.

중심 내용				
세부 내용	솜털처럼 가벼운 민들레 씨앗		까만 구슬 알갱이 모양의 봉선화 씨앗	

03 중심 있고 세부 있다 02

읽기 | 교과서 17~22쪽 | 학습 목표 : 중심 내용과 세부 내용을 구별할 수 있다.

이가 없는 동물들

● 글의 종류 설명하는 글
● 중심 글감 이가 없는 동물
● 중심 생각 이가 없는 동물들이 먹이를 먹는 방법을 설명하는 글

(가) 우리가 아는 동물은 대부분 이가 있습니다. 동물은 이로 먹이를 잡거나 씹어서 삼킵니다. 그러나 이가 없는 동물도 많이 있습니다. 이가 없는 동물도 저마다 다양한 방법으로 먹이를 먹습니다.

(나) 부리로 먹이를 먹는 동물이 있습니다. 독수리는 튼튼하고 끝이 갈고리처럼 구부러진 부리로 먹이를 찢어 먹습니다. 딱따구리는 날카롭고 곧은 부리로 나무에 숨어 있는 곤충을 잡아먹습니다. 또 왜가리는 가느다랗고 긴 부리로 머리를 물에 담그지 않고도 먹이를 잡아먹을 수 있습니다.

(다) 혀로 먹이를 잡아 삼키는 동물도 있습니다. 카멜레온은 곤봉처럼 생긴 아주 긴 혀를 총처럼 쏘아서 벌레를 잡아 삼킵니다. 개구리와 두꺼비도 카멜레온보다는 짧지만 길고 넓은 혀로 번개처럼 빠르게 벌레를 잡아 삼킵니다. 달팽이는 치설이라고 불리는 강판처럼 까끌까끌하게 생긴 혀로 잎이나 꽃을 갉아 먹습니다. 또 개미핥기는 끈끈한 혀로 흰개미를 핥아 먹습니다.

(라) 입으로 먹이를 빨아들이거나 마시는 동물도 있습니다. 바다에 사는 해마는 진공청소기처럼 생긴 긴 입으로 아주 작은 동물들을 빨아들입니다. 흰긴수염고래와 같이 고래수염이 있는 고래들은 크릴이라는 작은 새우를 바닷물과 함께 들이마십니다. 그런 다음에 물은 고래수염 사이로 뱉어 내고 크릴만 걸러서 삼킵니다.

(마) 이가 없는 동물도 저마다 다양한 방법으로 먹이를 먹습니다. 부리로 먹이를 먹거나 혀로 먹이를 잡아 삼키기도 합니다. 또, 입으로 먹이를 빨아들이거나 물과 함께 마시는 동물도 있습니다.

1 (나) 문단의 중심 내용은 무엇입니까? ( )

① 동물은 대부분 이가 있음.
② 부리로 먹이를 먹는 동물이 있음.
③ 혀로 먹이를 잡아 삼키는 동물이 있음.
④ 입으로 먹이를 빨아들이는 동물이 있음.
⑤ 이가 없는 동물도 다양한 방법으로 먹이를 먹음.

2 (다) 문단의 내용을 정리할 때 빈칸에 들어갈 말을 쓰시오.

3 '이가 없는 동물들'을 중심 내용과 세부 내용으로 구별하여 쓰시오.

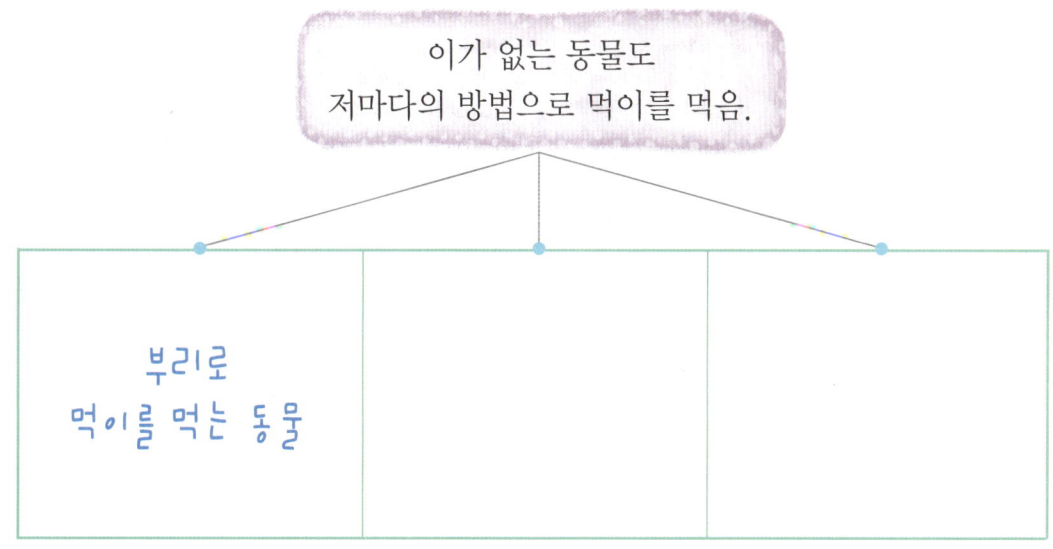

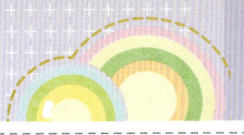

동물들의 겨울나기

추운 겨울이 되면 동물들은 여러 가지 방법으로 겨울잠을 잡니다. 곰은 나무 구멍이나 동굴 속에서 겨울잠을 잡니다. 뱀은 바위틈이나 땅속에서 죽은 듯이 똬리를 틀고 잡니다. 가시로 무장한 고슴도치는 마른 풀과 낙엽 등을 모아 잠자리를 마련하고 잠을 잡니다. 다람쥐는 땅속에 먹이를 모아 놓은 다음 몸을 둥글게 말고 겨울잠을 잡니다.

1 글쓴이가 말하고자 하는 중심 내용은 무엇입니까?

_____

2 '동물들의 겨울나기'를 중심 내용과 세부 내용으로 구별하여 정리하시오.

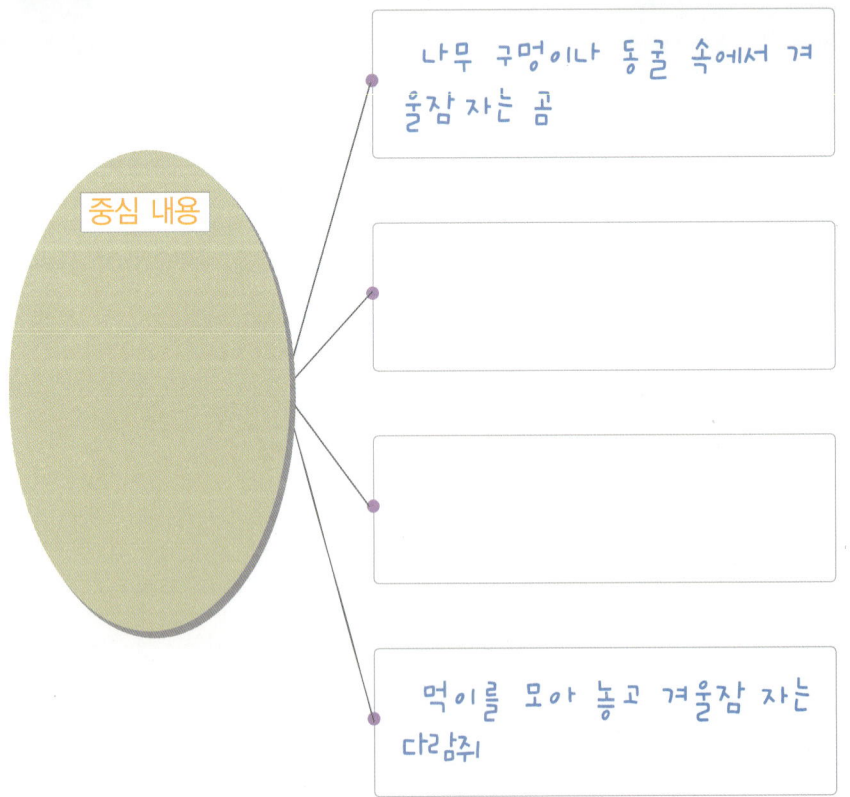

문어도 비밀 있다

※ 다음 글을 읽고 물음에 답하시오.

1　문어는 ⃞㉠⃞ 그래서 몸을 여러 가지 모양으로 바꿀 수 있습니다. 몸을 오그려서 바위틈 사이를 비집고 빠져나간 다음, 다시 제 모습으로 돌아올 수 있습니다.

2　문어는 초록색 바닷말 사이에서 먹이를 찾을 때에나, 그곳에 숨을 때에는 초록색이 됩니다. 그리고 바위 가까이에 가면 바위 색으로 바뀝니다. 또 놀랐을 때에는 분홍, 파랑, 초록, 갈색, 회색 등의 여러 색으로 바뀝니다.

　이처럼 문어는 ⃞㉡⃞

1 이 글에 잘 어울리는 제목은 어느 것입니까?　(　　)

① 문어의 맛
② 문어의 색깔
③ 문어의 성격
④ 문어의 특징
⑤ 문어의 모양

2 ㉠과 ㉡에 들어갈 중심 내용을 보기 에서 골라 번호를 쓰시오.

보기
① 제 몸 색깔을 마음대로 바꿀 수 있습니다.
② 뼈가 없습니다.
③ 사나운 상어의 눈에 띄지 않게 됩니다.
④ 바위에 착 달라붙을 수 있습니다.

• ㉠ : (　　　　　　　)

• ㉡ : (　　　　　　　)

중심 내용과 세부 내용으로 이루어진 '문단'

글은 '문단'이라고 하는 글의 덩어리로 이루어져 있어요. 또 각 문단은 '중심 내용 + 세부 내용'으로 짜여져 있지요. 세부 내용은 중심 내용을 뒷받침할 수 있는 내용을 써야 해요.

예를 들어 '소금은 일상생활에서 유용하게 쓰인다'는 중심 내용으로 글을 쓴다면 세부 내용에는 소금이 일상생활에서 유용하게 쓰이는 예가 나와야지, 설탕이 일상생활에서 유용하게 쓰이는 예가 나오면 글이 어색해져요. 소금이 일상생활에서 유용하게 쓰인다는 중심 내용을 뒷받침해 줄 중심 내용과 세부 내용을 정리해 보면 다음과 같아요.

중심 내용	소금은 일상생활에서 유용하게 쓰인다.
세부 내용	- 감기를 예방하기 위하여 소금 양치질을 한다. - 꽃꽂이할 꽃을 싱싱하게 유지하기 위하여 가지를 잘라 소금물에 담근다. - 껍질을 벗긴 사과를 소금물에 담갔다가 건져 내어 변색되는 것을 막기도 한다. - 달걀을 삶을 때에 소금을 조금 넣어서 껍데기가 갈라지는 것을 막기도 한다.

이렇게 정리한 내용을 내용이 어색하지 않게 알맞은 연결어를 사용하여 다음과 같이 문단을 구성하여 봅니다.

소금은 일상생활에서 유용하게 쓰인다. 감기를 예방하기 위하여 소금 양치질을 한다. 꽃꽂이할 꽃을 싱싱하게 유지하기 위하여 가지를 잘라 소금물에 담그기도 한다. 또 껍질을 벗긴 사과를 소금물에 담갔다가 건져 내어 변색되는 것을 막기도 한다. 달걀을 삶을 때에 소금을 조금 넣어서 껍데기가 갈라지는 것을 막기도 한다.

영재클리닉 01

너희가 지도를 알아?

토끼야? 호랑이야?

『사회』_ 1단원 「우리 고장의 모습」

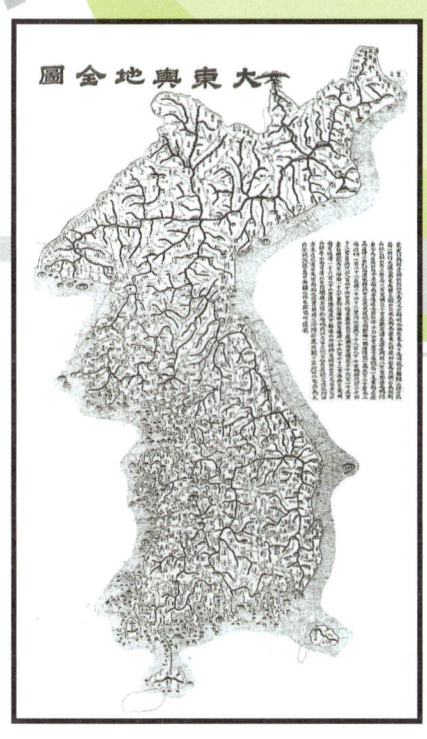

조선 시대에 만들어진 지도입니다. 차도 없고, 길도 제대로 없던 시대에 어떻게 지도를 만들었을까요?

지도야, 우리 고장을 보여다오

사회 | 교과서 8~45쪽 | 학습 목표 : 지도와 기호, 4방위에 대해 알 수 있다.

⬆ 세계 지도

⬆ 우리나라 전도

세계 지도로 우리나라가 아시아 대륙에 위치하며 삼면이 바다로 열려 있음을 알 수 있고, 우리나라 전도로 우리 고장의 위치를 알 수 있다.

1 다음 중 우리나라 위치에 대한 설명으로 바른 것은 어느 것입니까?
( )

① 섬으로 이루어진 나라이다.
② 유럽 대륙에 위치하고 있다.
③ 삼면이 바다로 둘러싸여 있다.
④ 아프리카 대륙에 위치하고 있다.
⑤ 주변에 이웃해 있는 나라들이 없다.

2 우리나라 전도로 알 수 있는 것은 무엇인지 쓰시오.

_____

3 우리 고장의 위치를 찾는 순서대로 기호를 나열하시오.

> ㉠ 우리 고장이 속해 있는 시·도를 찾는다.
> ㉡ 지구에서 우리나라의 위치를 확인한다.
> ㉢ 우리 고장의 위치를 확인한다.

( ) ➡ ( ) ➡ ( )

※ 다음 자료를 보고, 물음에 답하시오.

① 지구의 모습을 아주 작게 나타낸 모형이다.
② 지구본의 위쪽이 (㉠), 아래쪽이 (㉡)이다.
③ 바다는 (㉢)으로 칠해져 있고, 육지는 여러 색으로 칠해져 있다.
④ 우리나라는 지구본의 가운데에서 북극쪽으로 조금 떨어진 곳에 있다.

4 지구본에 대한 설명으로 바른 것은 어느 것입니까? ( )

① 실제 지구의 크기이다.
② 우리나라의 위치만 알 수 있다.
③ 바다는 빨간색으로 칠해져 있다.
④ 육지는 파란색으로 칠해져 있다.
⑤ 지구의 모습을 작게 나타낸 모형이다.

5 ㉠, ㉡에 들어갈 말을 보기에서 찾아 쓰시오.

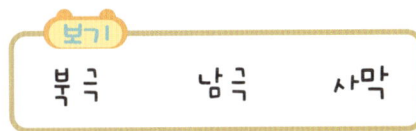

보기
북극   남극   사막

㉠	㉡

6 ㉢에 들어갈 알맞은 색을 쓰시오.

( )

※ 동서남북의 방향을 알려 주는 방위를 알아보는 방법에 대해 살펴보고, 물음에 답하시오.

나침반	4방위표	바라보는 방향
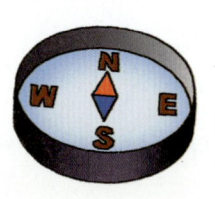		
빨간색 바늘이 가리키는 곳이 북쪽.	• 방위를 나타낸 표식 • 방위표가 없는 지도에서는 위쪽이 북쪽, 아래쪽이 남쪽.	양팔을 벌리고 북쪽을 바라보고 섰을 때, 오른쪽이 동쪽, 왼쪽이 서쪽.

7 바늘의 방향을 보고 동서남북의 방위를 알 수 있도록 만든 도구의 이름을 쓰시오.　　　　　　　　(　　　　　　　)

8 다음 빈칸에 알맞은 방위를 쓰시오.

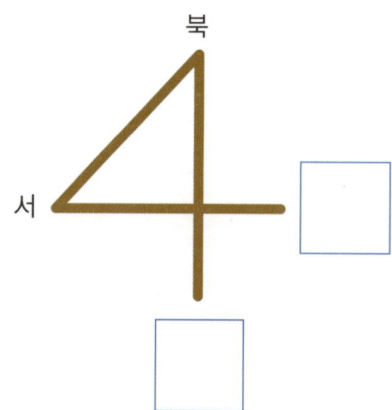

※ 다음 자료를 보고, 물음에 답하시오.

9 ①~⑥에 들어갈 알맞은 기호를 그리시오.

①	②	③	④	⑤	⑥

10 그림지도에 기호를 사용하는 까닭을 한 가지만 쓰시오.

_____

11 다음 글을 읽고, 아래 그림지도의 해당하는 위치에 기호를 그려 넣으시오.

① 병원의 북쪽에는 산이 있다.
② 문방구점에서 서쪽으로 횡단보도를 건너면 논이 있다.
③ 문방구점 동쪽에 학교가 있다.

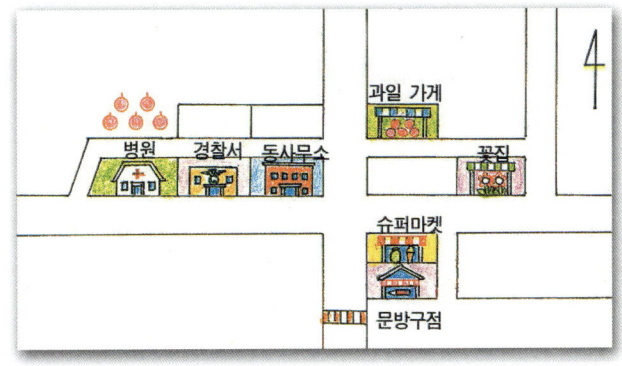

Step by Step 논고

01 나침반이 없다면?

※ 다음 자료를 보고, 물음에 답하시오.

나침반이 없던 시절에 우리 조상들은 여러 가지 방법으로 방향을 알아냈어요. 밤에는 북극성의 위치로 방향을 알았어요. 북극성은 계절에 따라 위치가 변하지 않고 항상 북쪽 하늘에 떠 있기 때문에 옛날부터 길을 잃은 사람들이 북극성을 보고 길을 찾았지요. 그리고 낮에는 해의 위치나 나무의 나이테, 산등성이의 눈 녹는 모습을 관찰하여 방향을 알아냈어요. 나무의 나이테가 넓은 쪽과 나뭇가지가 무성한 쪽이 남쪽 방향이에요. 북쪽보다 남쪽이 해를 많이 받기 때문에 남쪽이 나뭇가지도 무성하고 나이테도 더 넓은 것이지요.

이런 자연 현상을 보고 방위를 알아내기도 하지만 인문 형상을 보고 방위를 알아내기도 해요. 묘의 머리는 북쪽을 향하므로 묘지의 머리가 어디인지 알아보아 방향을 알기도 하고, 집의 문 크기나 집과 대문의 방향으로 방위를 알아내기도 하지요.

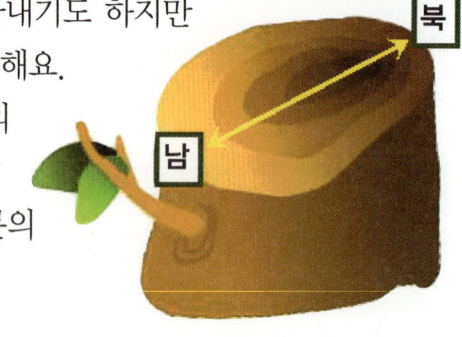

1 나침반이 없을 때 방위를 알 수 있는 방법 세 가지를 쓰시오.

___

2 남쪽의 나뭇가지가 무성하고 나이테도 넓은 까닭을 쓰시오.

___

02 지구본과 세계 지도는 어떻게 다른가?

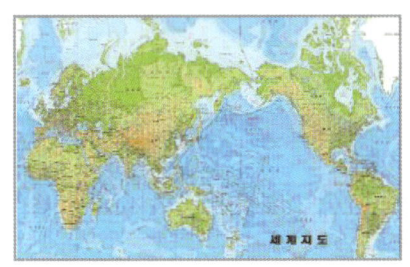

세계 지도와 지구본은 둘 다 지구에 있는 여러 나라의 모습을 볼 수 있도록 만든 거예요. 지구본은 둥근 지구의 모습을 작게 줄인 것으로, 지구본에 나타난 땅과 바다의 크기, 모양, 위치의 비율 등이 실제 지구와 거의 같아요. 하지만 지구본은 들고 다니기 불편하고, 보고 싶은 나라를 찾으려면 지구본을 돌려야 한다는 단점이 있지요.

세계 지도는 한눈에 전 세계의 모습을 볼 수 있고, 둘둘 말거나 접을 수도 있어서 가지고 다니기도 편리해요. 하지만 세계 지도는 둥근 지구를 평평한 종이 위에 억지로 펼쳐 놓은 거라 땅의 모양이 실제와 달라요.

이처럼 세계 지도와 지구본은 각각 장단점이 있어서, 사람들은 쓰임새에 따라 이 둘을 다르게 사용하고 있어요. 세계 지도는 세계 전체의 모습을 한눈에 보고 싶을 때 쓰고, 지구본은 이 나라에서 저 나라로 갈 때, 가장 빠른 길을 찾을 때 많이 쓰지요.

1 지구본과 세계 지도의 장단점을 정리하시오.

	지구본	세계 지도
장점		
단점		

2 세계 지도와 지구본 중 전 세계를 한눈에 볼 수 있는 것은 어느 것인지 쓰시오.

(   )

03 나무판에 우리나라를 새긴 김정호

'한성으로 가려면 어느 길을 따라가야 하고, 평양으로 가려면 어느 길을 따라가야 할까?'
김정호는 어려서부터 길이 어디서 시작되어 어디로 뻗어 가는지 궁금했습니다.
'좋아, 전국을 돌아다니면서 우리나라 지도를 내가 직접 만들어 보는 거야.'
그때부터 우리나라 방방곡곡을 돌아다닌 김정호는 1861년에 드디어 대동여지도를 완성하였습니다.
대동여지도는 김정호가 70여 장의 나무판에 우리나라를 새겨 22개의 묶음으로 만들어 낸 지도예요. '대동'은 우리나라를, '여지도'는 땅 전체를 뜻하는 말입니다.
김정호는 완성한 지도를 흥선 대원군에게 바쳤어요. 대원군은 나라 곳곳이 상세히 그려진 지도를 보고 나라의 기밀을 누설하였다 하여, 김정호를 감옥에 가두고 목각판 지도도 압수하여 태워버렸습니다. 그 당시에는 왜적의 침략이 많았기 때문에 상세한 지도가 왜적의 침략에 도움을 줄 것이라고 생각을 했던 것이지요. 결국 김정호는 모진 고문을 당한 끝에 감옥에서 숨졌습니다.

1 대동여지도의 '대동'과 '여지도'의 뜻을 각각 쓰시오.

대동	여지도

2 김정호가 훌륭한 지도를 만들고도 감옥에 갇힌 이유는 무엇인가요?

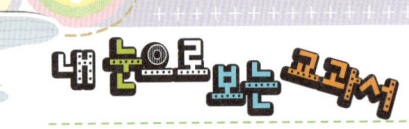

01 글 속에 교훈 있다

듣기 | 말하기 | 교과서 35~47쪽 | 학습 목표 : 훈화의 내용에서 교훈을 찾는 방법을 알 수 있다.

선비와 갈모

 옛날 조선 시대에 약속을 중요하게 여기는 나이 든 한 선비가 있었어요. 이 선비는 장마철 나들이 때에는 반드시 갈모를 두 개씩 겹쳐 쓰고 나갔어요. 길을 가다가 미처 우비를 준비하지 못한 사람들에게 빌려 주기 위해서였지요.
 어느 날, 길을 가는데 마침 우비 없는 젊은 선비를 만나 갈모 하나를 빌려 주었어요. 그리고 다음에 꼭 돌려주겠다는 다짐을 받고 헤어졌어요. 그런데 몇 달이 지나도 갈모를 빌려 간 선비는 다시 찾아오지 않았어요.
 몇 년이 흘러 갈모를 빌려 준 나이 든 선비는 높은 벼슬에 이르러 나라의 중요한 일을 맡게 되었어요. 그러던 어느 날, 어떤 젊은 선비가 새로 부임하여 인사를 드리러 왔어요. 그런데 그 젊은 선비를 자세히 살펴보니 몇 년 전 갈모를 빌려 간 뒤 되돌려 주지 않은 바로 그 사람이었던 거예요.
 "갈모 하나 돌려주지 못하는 사람에게 어찌 나라의 큰일을 맡길 수 있겠는가?"
 이 말에 깜짝 놀란 젊은 선비는 할 말이 없었던지, 제 발로 걸어 나가 일을 그만두었다고 해요.

1 나이 든 선비가 두 개의 갈모를 겹쳐 쓰고 다닌 까닭은 무엇입니까? ( )

① 갈모가 구멍이 나서
② 갈모가 많아서 자랑하려고
③ 갈모를 잃어버릴 때를 대비해서
④ 갈모 하나만으로는 비를 못 피해서
⑤ 우비를 준비하지 못한 사람에게 빌려 주려고

2 나이 든 선비가 젊은 선비에게 '나라의 큰일을 맡길 수 있겠는가?'라고 말한 까닭은 무엇입니까? ( )

① 선비가 약해 보여서
② 선비가 일을 못해서
③ 선비가 예의가 없어서
④ 선비가 공부를 못해서
⑤ 선비가 신의가 없어서

3 이 훈화에 담긴 교훈을 쓰시오.

교훈을 찾아라!

한 젊은 선비가 농사일 한창인 들판을 지나가고 있었어요. 때마침 들에서 풀을 뜯고 있던 검정 소와 누렁 소 두 마리를 보고 옆에서 쉬고 있던 나이 많은 농부에게 저 두 마리 소 중에서 어느 소가 더 힘이 센지 물었어요. 그러자 나이 많은 농부는 젊은 선비가 있는 곳까지 걸어와서 목소리를 낮추어 선비의 귀에 입을 대고 소곤거렸어요.

"힘이 세기로는 검정 소가 더 낫지만 말없이 잘하기는 누렁 소가 낫지요."라고 농부가 말하였어요.

젊은 선비는 나이 많은 농부가 그 말을 하는데 귀에 대고 소곤거리며 말하는 것이 이상하였어요. 그래서 젊은 선비는 노인에게 별것도 아닌 말을 왜 귀에다 대고 이렇게 조심스럽게 말하느냐고 물었어요. 나이 많은 농부는 아무리 말 못하는 짐승이지만 자기가 더 못하다고 이야기를 하는데 좋아할 리가 있겠냐고 젊은 선비에게 되물었어요. 이 말을 듣고 젊은 선비는 크게 깨달았어요. 그 뒤 젊은 선비는 농부의 교훈을 일생 동안 가슴깊이 새겨 남의 잘못을 함부로 말하지 않았어요.

1 젊은 선비가 묻는 말에 농부가 귀엣말로 대답한 까닭은 무엇입니까? ( )

① 검정 소가 자랑할까 봐
② 검정 소가 기뻐할까 봐
③ 검정 소가 화를 낼까 봐
④ 검정 소가 미안해할까 봐
⑤ 검정 소가 서운해할까 봐

2 이 글을 통해 얻을 수 있는 교훈은 무엇인지 쓰시오.

02 의견 속에 까닭 있다 01

읽기 | 교과서 50쪽 | 학습 목표: 의견이 드러나는 글의 특성을 알 수 있다.

쪽지 편지

🟢 글의 종류 편지글
🟢 글의 특징 글 (가)는 의견과 까닭이 나타나 있고, 글 (나)는 까닭이 나타나 있지 않다.

(가) 선생님께

 선생님, 교실에서 앉는 자리를 정할 때에 저희가 마음대로 앉을 수 있게 해 주세요.
 ㉠ 친한 친구와 같이 앉아서 지내면 공부가 더 잘되기 때문입니다.

6월 ○○일
김지영 올림

(나) 친구들아!
 쓰레기를 쓰레기통에 버리자.
 우리 교실 뒤에 쓰레기통이 있으니 쓰레기는 꼭 쓰레기통에 버려 주기 바란다.
 그래야만 ㉡

---

1 글 (가)에서 글쓴이의 의견은 무엇입니까? ( )

① 교실에서 조용하자.
② 교실을 깨끗이 쓰자.
③ 공부를 열심히 하자.
④ 친한 친구와 짝을 하자.
⑤ 자리를 마음대로 앉을 수 있게 하자.

2 ㉠에 들어갈 알맞은 이어 주는 말을 쓰시오. ( )

3 글 (나)에서 글쓴이가 주장하는 것을 한 문장으로 쓰시오.

_____

4 글 (나)의 ㉡에 들어갈 알맞은 까닭을 한 가지만 쓰시오.

_____

랍비의 판결

두 남자가 랍비를 찾아와 판결을 내려달라고 했어요. 한 남자가 먼저 말했어요.

"저는 이 사람한테서 오래된 집을 샀는데, 집에서 금은보화가 나왔어요. 제가 산 것은 집이지 금은보화가 아니거든요. 그래서 돌려주려고 했더니 받지 않는 겁니다."

다른 남자가 말했어요.

"제가 판 것은 집 전체입니다. 그러니 그 집에서 나온 것은 모두 저 사람 것이지요. 그 집에서 무엇이 나왔든 그것은 저 사람 것이니 저는 받을 수 없습니다."

그러자 랍비가 판결을 내렸어요.

"그대들에겐 결혼할 나이가 된 아들과 딸이 있지요? 이들을 결혼시키고 금은보화를 이들에게 주도록 하시오."

1 집을 산 사람과 집을 판 사람이 금은보화가 자기 것이 아니라고 주장하는 까닭을 각각 쓰시오.

- 집을 산 사람: _____
- 집을 판 사람: _____

2 랍비의 판결에 대한 내 의견을 까닭을 들어 쓰시오.

나는 랍비의 의견이 _____ 생각한다.

왜냐하면 _____

03 의견 속에 까닭 있다 02

> 읽기 　 교과서 52~56쪽 　 학습 목표: 의견과 까닭을 파악하는 방법을 알 수 있다.

● 글의 종류 이야기글
● 중심 생각 의견과 의견에 대한 까닭이 나타나 있다.

임금님은 생각 끝에 궁궐 앞에 글을 써 붙였습니다.

> 공주가 큰 병에 걸렸다. 공주의 병을 고쳐 주는 사람은 사위로 삼을 것이다. 그리고 훗날 이 나라를 물려주겠다.
> 　　　　　　　　　　　　　　　　　　　　　　　임금

　그때, 어느 시골 마을에 삼 형제가 살고 있었습니다. 삼 형제는 각각 신기한 보물을 가지고 있었습니다.
　첫째가 가진 보물은 아무리 먼 곳이라도 가까이 볼 수 있는 마법 망원경이었고, 둘째가 가진 보물은 하늘을 빨리 날 수 있는 마법 양탄자였습니다. 그리고 막내가 가진 보물은 어떤 병이라도 낫게 할 수 있는 마법 사과였습니다.
　그러던 어느 날이었습니다.
　"어라? 저게 뭘까?"
　마법 망원경으로 먼 곳을 살펴보던 첫째가 궁궐 앞에 붙은 글을 보게 되었습니다.
　"애들아, 이리 와 봐."
　"왜 그래, 형?"
　첫째가 부르자 두 동생이 다가왔습니다.
　"잘 들어 봐. 공주님이 병에 걸리셨대. 가, 가만……. 그런데 공주님의 병을 고쳐 주는 사람은 사위로 삼고, 또 훗날 나라도 물려주신대."
　첫째가 하는 말을 듣고 동생들이 말하였습니다.
　"큰형, 우리가 가서 공주님의 병을 고쳐 드리자."
　"좋아. 둘째야, 빨리 떠날 준비를 하자."
　"알았어, 형."
　삼 형제는 둘째가 준비한 마법 양탄자를 타고 궁궐로 날아갔습니다.
　"막내야, 이제 네가 나설 차례야."
　막내는 어깨에 멘 가방에서 마법 사과를 꺼냈습니다. 그러고는 병이 들어 누워 있는 공주에게 먹였습니다. 그러자 신기하게도 공주의 병은 씻은 듯이 싸악 나았습니다.

"오, 공주야! 네 병이 정말 다 나은 게냐?"

"네, 아바마마."

"오, 이렇게 기쁠 수가!"

1 임금님이 궁궐 앞에 글을 써 붙인 까닭은 무엇입니까? (   )

① 사윗감을 찾기 위해
② 신하를 구하기 위해
③ 신하들의 충성심을 알기 위해
④ 나라를 물려줄 사람을 찾기 위해
⑤ 공주의 병을 고칠 사람을 찾기 위해

2 삼 형제가 가지고 있던 보물 세 가지를 쓰시오.

첫째	둘째	막내

3 삼 형제가 한 일이 알맞게 짝지어지지 <u>않은</u> 것은 어느 것입니까? (   )

① 첫째 – 임금이 쓴 글을 보았다.
② 둘째 – 궁궐까지 빨리 갈 수 있게 하였다.
③ 막내 – 공주에게 병이 나을 수 있는 마법 사과를 주었다.
④ 첫째 – 공주가 병에 걸렸다는 것을 동생들에게 알려 주었다.
⑤ 막내 – 마을 사람에게 공주의 병을 나을 방법을 알려 주었다.

03 의견 속에 까닭있다

"자, 이제 약속한 대로 우리 예쁜 공주의 신랑감을 골라야겠소. 그런데 신랑감이 셋이니 이를 어쩐담?"

임금님이 걱정을 하면서 옆에 서 있던 신하들에게 어떻게 하면 좋을지 물어보았습니다.

첫 번째 신하가 말하였습니다.

"임금님, 걱정하실 것 없습니다. 공주님의 병을 고치는데 가장 큰 공을 세운 사람은 바로 첫째라고 생각합니다. 왜냐하면, 첫째가 가지고 있는 마법 망원경이 없었다면 공주님이 병에 걸린 것도 몰랐을 테니까요."

그러자 두 번째 신하가 말하였습니다.

"공주님께서 병에 걸린 걸 알았다 해도 마법 양탄자가 없었다면 궁궐로 이렇게 빨리 날아올 수 없었을 겁니다. 그러니까 둘째를 사위로 삼아야 합니다. 임금님."

이번에는 세 번째 신하가 말하였습니다.

"임금님, 마법 망원경으로 임금님이 써서 붙인 글을 보고, 마법 양탄자를 타고 빠르게 날아온 건 사실입니다. 하지만 막내를 신랑감으로 삼아야 합니다. 왜냐하면, 마법 사과가 없었다면 공주님의 병을 고칠 수 없었기 때문입니다."

"그것참, 사위 고르기 어렵군."

신하들의 말을 모두 들은 임금님은 깊어 더 깊이 생각에 잠겼습니다.

"결정했소!"

생각에 잠겼던 임금님이 벌떡 일어나 말하였습니다.

"삼 형제 중에서 마법 사과를 가져온 막내를 공주의 신랑감으로 택하겠소."

"임금님, 왜 그렇게 결정하셨습니까?" (중략)

"왜냐하면, 나머지 두 청년에게는 아직 보물이 남아 있지만, 마법 사과를 공주에게 먹인 막내에게는 이제 보물이 없기 때문이오. 그래서 나는 공주를 위하여 자신의 보물을 아낌없이 다 쓴 막내를 사위로 선택한 것이오."

4 첫 번째 신하의 의견과 의견에 대한 까닭을 찾아 쓰시오.

- 의견: _____

- 까닭: _____

5 만약 둘째가 양탄자를 가지고 있지 않았다면 어떻게 되었을까요? (   )

① 공주가 아프다는 것을 몰랐을 것이다.
② 공주의 병을 더 빨리 고칠 수 있었을 것이다.
③ 삼 형제가 더 빨리 궁궐에 올 수 있었을 것이다.
④ 마을 사람들에게 공주의 병을 알릴 수 있었을 것이다.
⑤ 삼 형제가 궁궐까지 오는데 시간이 많이 걸렸을 것이다.

6 임금님이 막내를 사위로 선택한 까닭은 무엇입니까? (   )

① 막내가 가장 잘 생겨서
② 막내가 가장 똑똑해서
③ 막내가 공주를 사랑해서
④ 두 형이 마음에 들지 않아서
⑤ 자신의 보물을 아낌없이 다 써서

7 임금님의 결정에 대한 내 의견과 그 까닭을 쓰시오.

나는 _____

그 까닭은 _____

_____

뚱뚱한 죄

미국 뉴햄프셔 주에 사는 알란 유르겐이라는 남자는, 너무 뚱뚱하다는 이유로 주 정부의 법원 판사로부터 징역을 선고 받았습니다.

그의 몸무게는 380킬로그램, 승용차를 몰고 다니는데, 뱃살이 엄청 튀어나와 핸들을 제때 못 돌려 행인을 여섯 번이나 치었다고 합니다. 게다가 건물 계단을 오르다가 난간이 무너져 사람들을 세 차례나 다치게 했는가 하면, 살인적인 몸무게로 엘리베이터를 고장 나게 한 것이 수십 번이라고 합니다. 그래서 법원에서는 그를 내버려 두면 안 되겠다 싶어 교도소로 보낸 것입니다.

그 뒤 유르겐은 다이어트를 하겠다는 약속을 하고 석방되었지만, 며칠도 안 되어 몸무게가 400킬로그램을 넘어서서 다시 체포되었다고 합니다.

1 알란 유르겐이 징역을 선고 받은 이유는 무엇입니까? (　　　)
① 너무 뚱뚱해서
② 거짓말을 많이 해서
③ 술을 너무 많이 마셔서
④ 돈을 너무 많이 훔쳐서
⑤ 다른 사람에게 사기를 쳐서

2 알란 유르겐에게 징역을 선고한 것에 대한 내 의견을 정하고, 까닭을 쓰시오.

| 찬성 | | 반대 | |

• 까닭 : _____
_____

영재클리닉 02

신기한 물질

나랑 달걀은 같을까? 다를까?

『과학』_ 1. 우리 생활과 물질

물과 얼음과 수증기는 같은 걸까요? 다른 걸까요?

우리 생활과 물질

> 과학 | 교과서 22~51쪽 | 학습 목표 : 물질의 다양한 성질에 대해 알 수 있다.

※ 다음 자료를 보고, 물음에 답하시오.

1 다음 중 물체에 대한 설명에는 ○ 하고, 물질에 대한 설명에는 △ 하시오.

- 물체를 이루고 있는 재료인 유리, 플라스틱, 철 등을 말합니다. ……… (   )
- 모양을 지니고 공간을 차지하고 있는 것을 말합니다. ……………… (   )

2 위 사진의 물체를 만드는 재료를 기준으로 하여 분류하려고 합니다. 표 안에 알맞은 물체를 찾아 쓰시오.

만드는 재료	물체
(1) 헝겊	
(2) 고무	
(3) 유리	

3 다음 중 철과 플라스틱으로 이루어진 물체는 어느 것입니까? (   )

① 지우개　　　　　② 고무　　　　　③ 인형
④ 유리컵　　　　　⑤ 가위

※ 다음 자료를 보고, 물음에 답하시오.

여러 가지 물질의 성질 알아보기

1 긁히는 정도 비교하기

| 철 못   구리 선   플라스틱 컵   나무젓가락   고무 지우개   스티로폼 |

← 단단하다   덜 단단하다 →

2 구부러지는 정도 비교하기

| 구리 선   고무 지우개   플라스틱 컵   스티로폼   나무젓가락   철 못 |

← 잘 구부러진다   덜 구부러진다 →

3 물에 뜨는 정도 비교하기

| 나무젓가락   스티로폼   플라스틱 컵   고무 지우개   구리 선   철 못 |

← 뜬다   가라앉는다 →

4 물질과 그 물질의 성질을 바르게 연결하지 <u>않은</u> 것은 어느 것입니까? (   )

① 철 – 단단하고 물에 가라앉는다.
② 고무 – 유연하고 잘 구부러진다.
③ 나무 – 불에 강하지만 잘 휘어진다.
④ 플라스틱 – 잘 깨지지 않고 가볍다.
⑤ 스티로폼 – 가볍지만 덜 단단하고 잘 긁힌다.

5 플라스틱으로 필통, 컴퓨터, 장난감 등 다양한 물질을 만들 수 있는 것은 플라스틱의 어떤 성질 때문인지 쓰시오.

_____

6 식당에서는 유리컵 대신 쇠 컵을 주로 사용합니다. 그 까닭은 무엇인지 쓰시오.

_____

※ 다음 표를 보고, 물음에 답하시오.

구분	물체	특징
고체	컵, 의자, 컴퓨터, 연필, 공책, 설탕	담는 그릇이 바뀌어도 모양이나 크기가 변하지 않음. 딱딱하고 눈에 보이며 손으로 만질 수 있음.
액체	물, 우유, 간장, 주스, 식초	담는 그릇에 따라 모양은 변하지만 양은 변하지 않음. 다른 물질을 녹이는 성질이 있음.
기체	산소, 수소, 질소, 이산화탄소, 증기	담긴 그릇을 가득 채울 수 있고, 부피가 쉽게 변함. 가볍고 보이지 않음.

7 다음 중 고체의 성질이 <u>아닌</u> 것은 어느 것입니까? ( )

① 딱딱하다.
② 모양이 일정하다.
③ 눈에 보이지 않는다.
④ 손으로 만질 수 있다.
⑤ 담는 그릇이 바뀌어도 모양과 크기가 변하지 않는다.

8 다음과 같은 가루 물질을 고체라고 하는 이유 한 가지만 쓰시오.

㉠ 설탕   ㉡ 소금   ㉢ 모래

_____

_____

9 다음 실험을 통해 알게 된 액체의 성질 두 가지를 쓰시오.

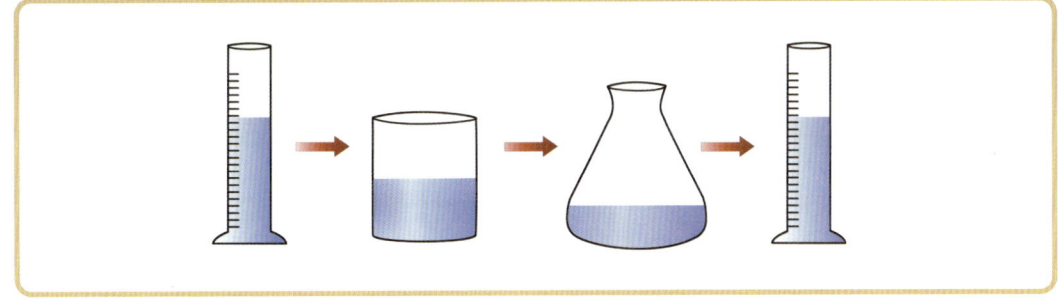

_____

10 다음 그림과 같이 아트 풍선 만들기를 통해 알 수 있는 공기의 성질이 <u>아닌</u> 것은 어느 것입니까? (   )

① 공기는 눈에 보이지 않는다.
② 공기는 풍선 속을 가득 채운다.
③ 공기가 많이 들어갈수록 풍선이 커진다.
④ 풍선의 모양에 따라 공기의 모양이 달라진다.
⑤ 공기는 일정한 모양과 양을 지니고 있는 물질이다.

11 다음 현상을 통해 무엇이 존재하고 있음을 알 수 있습니까? (   )

㉠ 바람개비가 돈다.
㉡ 선풍기를 틀면 시원하다.
㉢ 태극기가 바람에 펄럭인다.

① 물   ② 태양   ③ 소리
④ 우주   ⑤ 공기

01 우유와 요구르트는 성질이 달라요

※ 다음 글을 읽고, 물음에 답하시오.

"족장님, 음식과 물이 부족합니다. 어떻게 할까요?"
"그래? 그럼 아껴 두었던 우유를 먹어야겠구나. 우유가 담긴 가죽 부대를 가져 오너라."
"예"
족장의 지시대로 우유가 담긴 가죽 부대를 가져 온 부하가 깜짝 놀라 소리쳤어요.
"족장님, 우유가 걸쭉하게 변했는데요?"
"이럴 수가? 아껴 둔 우유가 못 먹게 되다니?"
족장이 한숨을 푹 쉬고 있을 때, 부하가 시큼하게 변한 우유를 찍어 먹어보았어요. 그런데 그 맛이 시큼한 게 맛이 괜찮았어요. 신하는 걸쭉하고 시큼하게 변한 우유를 따라 다른 사람들에게도 나누어 주었지요. 그러자 여기저기서 맛있다는 감탄의 소리가 나왔어요.
"족장님, 우유보다 더 맛있습니다. 족장님도 드셔 보세요."
부하의 말을 들은 족장도 시큼하게 변한 우유를 한 모금 마셨어요.
"음, 우유처럼 느끼하지 않고 상큼한 게 맛이 좋구나."
유목민의 가죽 부대에 담긴 우유가 먼 길을 다니는 동안 상태가 변해 요구르트가 된 거예요. 이처럼 원래의 물질이 다른 물질로 성질이 바뀌는 것을 화학적 변화라고 해요.

1 가죽 부대에 넣어 둔 우유가 어떻게 변화하였나요?

_____

2 치즈와 요구르트, 메주와 김치의 공통점은 무엇일까요?　　　　(　　　)

① 물리적 변화를 겪은 식품이다.
② 부패를 이용해 만든 식품이다.
③ 원래의 재료에서 모양만 변한 식품이다.
④ 원래의 재료를 다른 물질로 변화시킨 식품이다.
⑤ 물질의 성질이 바뀌는 물리적 변화로 만들어진 식품이다.

3 우유가 발효되면서 요구르트가 되면 성질이 변해요. 하지만 물은 얼면 얼음으로, 끓으면 수증기로 모양은 변하지만 성질은 변하지 않아요. 물처럼 모양만 달라지고 성질은 변하지 않는 예를 찾아 한 가지만 쓰세요.

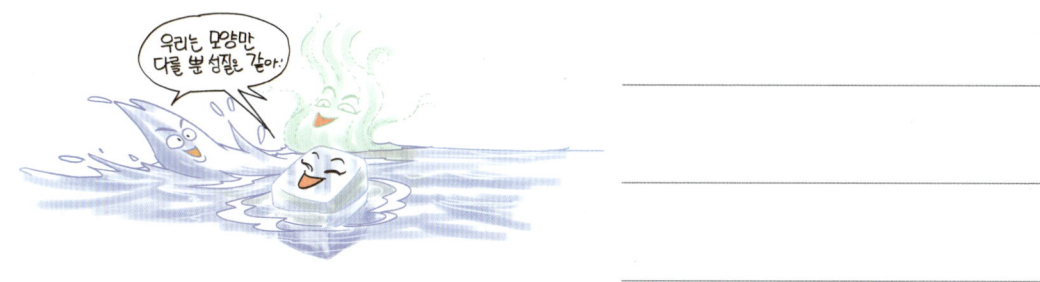

02 상태가 다르면 움직임도 달라요

방귀에 엔진이 달렸나?

　방귀는 소화 기관에 모인 기체가 항문을 통해 나오는 것으로 하루 평균 14~25번 정도를 뀐다고 해요. 만약 30명이 모인 교실이라면, 2~4분에 한 번씩 방귀가 발사되고 있는 거지요.

　방귀와 같은 기체는 물질의 세 가지 상태(고체, 액체, 기체) 중에서 가장 가두어 놓기가 힘들어요. 그리고 물질을 이루는 분자가 고체 상태와 액체 상태일 때보다 기체 상태일 때 활발하게 운동하며, 속도 또한 초속 460미터나 되어서 엘리베이터에서 방귀를 뀌면 1초도 안 되어서 엘리베이터 전체에 방귀 냄새가 퍼진답니다. 만약 방귀가 기체가 아닌 액체나 고체라면 지금보다는 천천히 냄새가 퍼질 텐데 말이지요.

1 방귀는 물질의 세 가지 상태 중에서 어떤 상태인가요?

(   )

2 다음 중에서 분자 운동이 가장 활발한 것은 어느 것인가요? (   )

① 물
② 설탕
③ 얼음
④ 커피
⑤ 방귀

3 방귀가 엔진을 단 것처럼 빨리 퍼지는 이유 두 가지를 정리하시오.

_____

_____

_____

03 분자가 바뀌면 맛도 달라져요

달걀

삶은 달걀

엄마 : 수지야, 삶은 달걀을 왜 냉동실에 넣니?
수지 : 삶은 달걀이 다시 액체로 돌아오는지 보려고요.
엄마 : 수지야, 한 번 고체가 된 달걀은 다시 액체가 되지 않는단다.
수지 : 왜요? 물은 얼음이 되었다가 수증기가 되었다가 다시 물로 상태 변화를 하잖아요. 달걀도 액체였다가 고체가 되었으니까 다시 액체가 되지 않을까요?
엄마 : 물은 상태가 변한다 해도, 그 물질을 이루는 분자는 바뀌지 않지만 달걀은 상태가 변하면서 분자가 바뀌기 때문에 원래 모습으로 돌아가지 않아. 물은 얼음이 되어도 맛이 달라지지 않지만 달걀은 날 달걀이 삶은 달걀이 되면 맛이 달라지지? 그건 분자가 처음과 달라졌기 때문이야. 분자가 달라지면 맛도 변한단다.
수지 : 아, 그렇군요. 엄마, 꼭 기억할게요. 분자가 달라지면 맛도 달라진다.

1 이 글에 대한 설명으로 바른 것은 어느 것입니까? 　　　　(　　　)

① 삶은 달걀은 액체로 돌아간다.
② 물은 얼음이 되면 맛이 달라진다.
③ 날 달걀이 삶은 달걀이 되면 맛이 달라진다.
④ 달걀과 물은 상태가 변해도 분자가 바뀌지 않는다.
⑤ 달걀은 온도가 올라가면 액체가 되고 온도가 내려가면 고체가 된다.

2 날달걀과 삶은 달걀의 맛이 다른 까닭은 무엇인지 쓰시오.

_____

세상에서 가장 소중한 보물

『쓰기』_1 감동의 물결

세 가지 중에 가장 소중한 것은 어느 것일까요?

닮은 점을 찾아보아요

🖊 쓰기 　📖 교과서 32~36쪽 | 학습 목표 : 서로 닮은 점을 떠올려 짧은 글을 쓸 수 있다.

1 미숙이는 아기가 걷는 모습이 거북이가 느릿느릿 기어가는 모습과 닮았다고 생각하였습니다. 서로 닮은 점을 떠올리며 보기 처럼 써 보시오.

보기

 　거북처럼 느린 아기 걸음마. 　

① 기린의 목처럼 긴 _____

② _____ 처럼 맛있는 _____

2 서로 닮은 점을 떠올리며 보기 처럼 써 보시오.

보기
　얼음은 차가워, 차가우면 냉장고.
　냉장고는 네모나, 네모나면 만화책.

 　① 바다는 넓어 넓으면 _____

 　② 참외는 맛있어 맛있으면 _____

3 서로 닮은 점을 떠올려 보기 처럼 써 보시오.

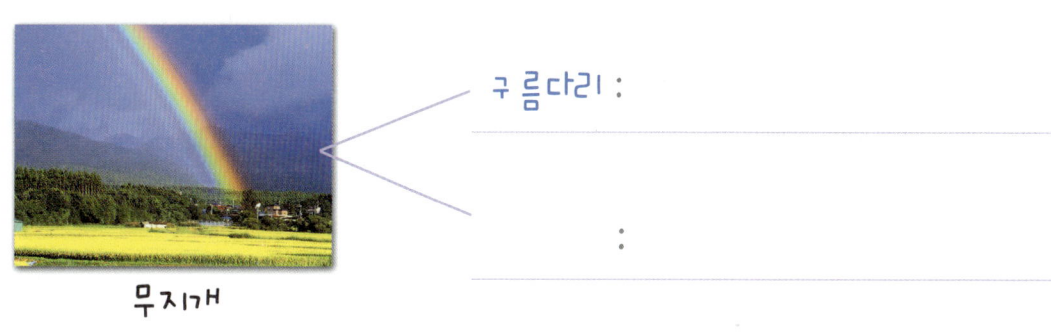

무지개

구름다리 :

　　　　 :

4 3번의 '무지개'를 보고 떠올린 내용을 보기 와 같이 써 보시오.

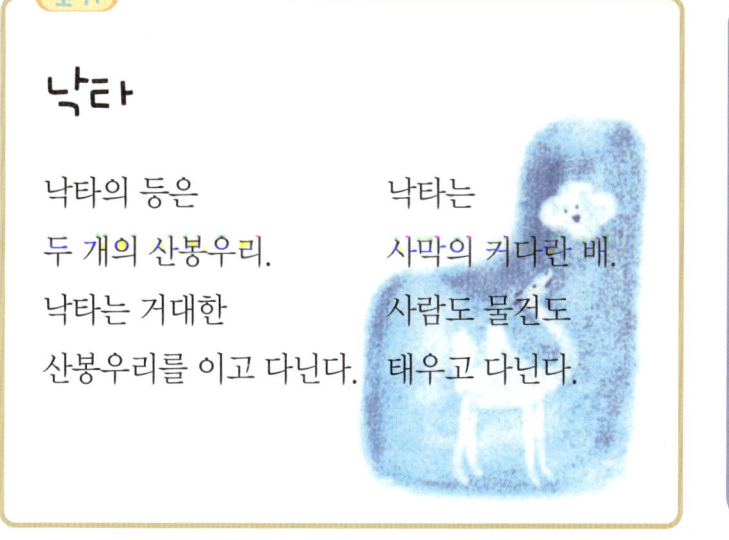

무엇이 되고 싶어?

※ 여러분이 다른 무언가로 변할 수 있다면 무엇이 되고 싶은가요? 되고 싶은 것을 그려 보시오.

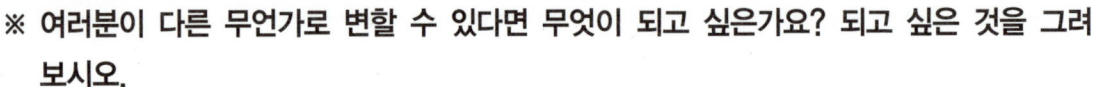

1 되고 싶은 것은 무엇인가요?

_____

2 그림과 같이 되고 싶은 이유는 무엇인가요?

_____

3 그것이 되어서 한 일을 재미있게 상상하여 써 보시오.

_____

_____

01 세상에서 가장 귀중한 보물

※ 다음은 『탈무드』에 나오는 이야기입니다.

옛날 아라비아에 사는 세 형제의 이야기입니다.

어느 날 그들은 세상에서 가장 귀중한 보물을 구하러 떠났습니다. 그리고 1년 뒤 다시 만난 세 형제는 한자리에 모여서 각자 자기가 가지고 온 보물을 자랑했습니다.

첫째는 아무리 먼 곳이라도 가깝게 볼 수 있는 신기한 망원경을 가지고 왔습니다. 둘째는 하늘을 날 수 있는 양탄자를 가지고 왔습니다. 그리고 막내는 세상의 어떤 병이라도 다 낫게 할 수 있는 아름다운 빛깔의 마법의 사과를 가지고 왔습니다. 모두들 다른 형제가 가지고 온 보물을 보며 신기해했습니다.

며칠 후, 첫째가 망원경으로 사방을 둘러보다가 먼 나라에 사는 공주가 병에 걸려 생명이 위독한데, 누구라도 공주의 병을 낫게 하는 사람은 공주와 결혼하게 해 주겠다는 포고문을 보게 되었습니다.

세 형제는 둘째의 양탄자를 타고 번개같이 날아가서 막내가 가진 마법의 사과를 공주에게 먹여 병을 낫게 하였습니다.

왕은 매우 기뻐하였습니다. 그러나 곧 고민에 빠졌습니다. 누구를 공주의 남편으로 삼아야 할지 결정하기가 너무 힘들었기 때문입니다.

과연 누가 왕의 사위가 되었을까요?

1 첫째, 둘째, 셋째가 가져온 보물은 각각 무엇인가요?

_____

_____

03 누가 왕의 사위가 될까?

1 누가 왕의 사위가 되어야 할지에 대해 친구들이 이야기하고 있습니다. 친구들의 의견에 대한 이유를 쓰시오.

난 첫째가 사위가 되어야 한다고 생각해.

첫째의 <u>망원경이 없었다면 먼 나라에 사는 공주가 아프다는 걸 어떻게 알 수 있었겠어?</u>

난 둘째가 사위가 되어야 한다고 생각해.

왜냐하면 _____

난 막내가 사위가 되어야 한다고 생각해.

왜냐하면 _____

2 세 사람 모두 공주를 위해 자신의 보물인 '망원경, 양탄자, 사과'를 사용했습니다. 각각의 보물이 사용된 용도의 차이점을 생각하시오.

3 세상에 하나뿐인 소중한 사과를 공주에게 준 막내의 행동에 대한 내 생각을 쓰시오.

_____
_____
_____

4 내가 만약 막내의 입장이 된다면 같은 상황에서 어떻게 했을지 쓰고, 그 이유를 쓰시오.

나라면 _____ 것 같아요.

왜냐하면 _____

_____
_____
_____

03 소중한 것은 사람마다 달라요

닭과 보석

힘이 좋은 젊은 닭이 쓰레기더미를 뒤지다가 보석을 발견했습니다.

닭은 그 보석이 귀하다는 것은 알 수 있었지만, 그 보석을 어떻게 사용 하는지는 알 수 없었지요. 그래서 그는 무얼 좀 아는 듯한 말투로 이렇게 말했습니다.

"네가 대단히 귀한 것이라는 사실은 틀림이 없다. 하지만 넌 내 입맛에는 전혀 맞지 않아. 내게는 이 세상의 모든 보석보다는 맛있는 보리 한 톨이 훨씬 더 낫단다."

– 어린이 중앙, 『명화와 함께 보는 이솝우화』 중에서

1 닭이 보석을 귀중하게 생각하지 않은 이유는 무엇인가요?

2 이 이야기에서 우리에게 말하려고 하는 것은 무엇인가요?

3 내가 세상에서 가장 소중하게 생각하는 것은 무엇인지 친구들과 이야기하시오.

내 생각은 이래!

※ 나에게 가장 소중한 보물은 무엇인지 쓰고, 소중하다고 생각하는 까닭을 쓰시오. (500자 내외)

첨삭지도

국어 술술 사회 술술 과학 술술

01 감동의 물결

※ 다음 글을 읽고, 물음에 답하시오.

(가)

비가 그쳤네.
햇빛이 반짝거리네.

세수한 산과 들이
수군거리오.
"어이, 시원하구려."
"어이, 시원하구려."

(나) 〈봄비〉를 읽고
　〈봄비〉를 읽으니, 봄비를 맞고 있는 산과 들이 떠올랐다. 그리고 '세수한 산과 들'이라는 부분이 재미있었다. 비가 내린 뒤의 산과 들을 본 적이 있는데, 진짜 세수한 것처럼 깨끗해 보였다. 난 비를 싫어하는데, 이 시를 읽으니 비가 좋아지려고 한다.

1 (나) 글을 쓴 글쓴이는 〈봄비〉를 읽고 어떤 장면이 떠오른다고 하였는지 쓰시오.

_____

2 〈봄비〉를 읽은 뒤, (나) 글을 쓴 글쓴이의 마음이 어떻게 바뀌었는지 쓰시오.

_____

3 (가) 시를 읽은 뒤의 느낌을 30자 내외로 쓰시오.

_____
_____

※ 다음 시를 읽고, 물음에 답하시오.

> 단 하루만이라도 어른들을 거인국으로 보내자.
> 그곳에 있는 것들은 모두 어마어마하게 크겠지.
> 거인들 틈에 끼이면 어른들은 우리보다 더 작아 보일 거야.
> 찻길을 가로지르는 횡단보도는 얼마나 길까?
> 아마 100미터도 넘을 텐데
> 신호등의 파란불은 10초 동안만 켜지겠지.
> 거인들은 성큼성큼 앞질러 건너가고
> 어른들은 종종걸음으로 뒤따를 텐데…….
> 글쎄, 온 힘을 다해 뛰어도
> 배가 불뚝한 어른들은 찻길을 다 건널 수 없을걸.
> 절반도 채 건너기 전에 빨간불로 바뀌어
> 길 한복판에 갇히고 말 거야.
> 뭘 꾸물거리느냐고 차들은 빵빵거리고
> 교통순경은 삑삑 호루라기를 불어 대겠지.
> 이마에 흐르는 땀을 훔쳐 내며
> 어른들은 쩔쩔맬 거야.
> 그때, 어른들은 무슨 생각을 하게 될까?

4 어른들이 거인국에 가서 온 힘을 다해 뛰어도 길을 다 건널 수 없는 까닭은 무엇인지 쓰시오.

5 글쓴이가 어른들을 하루만이라도 거인국으로 보내자고 하는 까닭을 쓰시오.

6 글쓴이가 이 시를 통해 어른들에게 하고 싶은 말은 무엇인지 30자 내외로 쓰시오.

※ 다음 글을 읽고, 물음에 답하시오.

1 어느 날 용왕님은 땅 위에 그런 마을이 정말 있는지 궁금하였습니다. 그래서 신하를 불러 땅 위에서도 살 수 있는 용궁 샘물 한 병을 주며 마을 사람 한 명을 데려오라고 명령하였습니다.

2 땅 위로 올라온 신하는 마을에 들어서자마자 마을 이장을 찾아갔습니다. 신하가 온 까닭을 말하자, 이장은 혼자 생각하였습니다.
  '용왕님이 노하시면 큰일이다. 누군가 한 사람이 제물로 따라가기는 해야겠는데, 살아 돌아올 수 있을지 모르겠군.'
  이장은 용기를 내어 말하였습니다.
  "자, 갑시다. 이장이 없더라도 모두 잘 살 테니 제가 함께 가지요."

3 이장이 신하를 따라 한참 걸어가다 마을의 목수를 만났습니다. 자세한 이야기를 전해 들은 목수가 말하였습니다.
  "이장님이 안 계시는 마을은 머리 없는 용과 같으니 안 될 말입니다. 목수 일이야 다른 사람이 봐도 될 테니 제가 가겠습니다."
  그 말을 듣고, 이장이 펄쩍 뛰며 말하였습니다.
  ㉠ "목수 없이 어떻게 집을 지을 것이며, 쟁기는 누가 만들겠소. 그냥 내가 다녀오리다."

4 이야기를 들은 대장장이도 자기가 가겠다고 나섰습니다.
  목수와 이장은 한목소리로 말하였습니다.
  "대장간이 시끄러워야 괭이며 낫이며 칼을 얻을 수 있지. 그것들이 없으면 어떻게 농사를 지을 수 있겠소? 그러니 용궁에는 제가 가야……."

5 길을 가던 한 아이가 말하였습니다.
  "그러지 마세요. 여기 계신 분들은 모두 가족이 있지만 저는 고아로 자라 이 집 저 집 살림이나 거들고 있는 형편이니 제가 없어도 불편할 게 없을 거예요. 제가 가겠어요."
  이 말에 이장, 목수, 대장장이가 말하였습니다.
  "무슨 소리냐? 이 집 저 집 바쁠 때에 네가 아이도 돌보아 주고, 살림도 거들어 주니 우리가 맘 놓고 일할 수 있는 거지. 안 된다. 안 돼."

7 목수는 왜 이장이 가면 안 된다고 하였는지 쓰시오.

_____

8 이장이 한 말 ㉠을 바탕으로 목수가 하는 일을 쓰시오.

_____

9 대장장이가 마을에 필요한 까닭을 쓰시오.

_____

10 이장, 목수, 대장장이, 아이의 행동을 통해 알 수 있는 이 마을의 분위기를 쓰고, 그렇게 생각한 까닭을 쓰시오.

_____
_____
_____

02 아는 것이 힘

※ 다음 글을 읽고, 물음에 답하시오.

> 우리 놀이동산을 이용해 주신 여러분께 감사드리며, 잠시 안내 말씀 드리겠습니다. 오늘 오후 다섯 시, 장미 광장에서는 세계 의상 행렬이 펼쳐집니다. 이 행렬은 장미 광장에서 출발하여 마법의 성과 회전 비행기 입구를 지나 정문 광장까지 이어지겠습니다. 세계 여러 나라의 다양한 음악과 무용이 함께 하는 이번 세계 의상 행렬에 여러분의 많은 관람 바랍니다.

1 이 글은 어디에서 무엇을 안내하는 안내 방송인지 쓰시오.

_____

2 세계 의상 행렬이 지나가는 곳을 순서대로 정리하시오.

(   ) → (   ) → (   ) → (   )

※ 다음 글을 읽고, 물음에 답하시오.

> 떡볶이 만드는 방법을 순서대로 설명하겠습니다. 떡볶이를 만들려면 먼저 재료를 준비하여야 합니다. 떡, 고추장, 설탕, 물, 양배추, 어묵 등의 재료를 준비합니다. 그리고 떡을 따뜻한 물에 담가 둡니다. 떡이 딱딱하면 맛이 없기 때문입니다.
> 재료 준비가 끝나면 떡볶이를 만듭니다. 냄비에 물을 붓고 고추장과 설탕을 두세 숟가락 정도 넣습니다. 냄비의 물이 끓으면 양배추, 떡, 어묵 등을 넣습니다. 재료가 잘 익을 때까지 주걱으로 골고루 저어 줍니다.

3 떡볶이를 만들 때 가장 먼저 할 일과 가장 나중에 할 일을 쓰시오.

- 가장 먼저 할 일: _____

- 가장 나중에 할 일: _____

4 떡을 따뜻한 물에 담가 두는 까닭을 쓰시오.

_____

※ 다음 글을 읽고 함께 생각해 봅시다.

> 씨앗을 퍼뜨리는 방법은 식물마다 다릅니다. 민들레는 가벼운 솜털 모양의 씨앗을 만들어 씨앗이 바람을 타고 멀리 날아갈 수 있도록 합니다. 봉선화의 열매는 익으면 저절로 터져서 씨앗이 흩어집니다. 도깨비바늘은 동물의 털이나 사람의 옷에 달라붙어 멀리 옮겨 갈 수 있습니다. 참외는 동물들이 먹고 다른 곳으로 가서 똥을 누면 멀리 퍼지게 됩니다.

5 이 글에서 중심 내용을 나타내는 문장을 찾아 쓰시오.

_____

6 이 문단의 세부 내용을 정리하시오.

세부내용	

※ 다음 글을 읽고, 물음에 답하시오.

우리 조상은 아주 오래전부터 태권도를 즐겼다고 합니다. 태권도가 언제부터 시작되었는지 정확히 알 수는 없습니다. 그러나 옛 무덤에서 발견된 그림을 보면, 삼국 시대에도 태권도를 하였던 것을 알 수 있습니다. 태권도는 그 뒤 고려와 조선 시대를 거치면서 발달하였으며, 광복 후에 일반 사람들에게 널리 보급되었습니다.

태권도의 기술은 크게 품새와 겨루기로 나눌 수 있습니다. 품새는 공격과 방어의 기본 기술을 연결한 연속 동작입니다. 품새를 통하여 혼자서도 상대방과 겨루는 연습을 할 수 있습니다. 겨루기는 품새로 익힌 기술을 두 사람이 겨루어 보는 것입니다. 경기에서 두 사람의 승패를 가리는 방법으로 겨루기를 합니다.

태권도는 세계 여러 나라 사람들이 배우고 있는 운동입니다. ㉠ 오늘날, 세계태권도연맹 본부가 서울에 있고, 여러 나라가 이 연맹에 가입하였습니다. ㉡ 우리나라에서 파견한 사람들의 지도로 전 세계의 수많은 사람이 태권도를 배우고 있습니다. ㉢ 태권도는 2000년 시드니 올림픽 때부터 정식 종목으로 채택되었습니다.

7 첫 번째 문단의 중심 내용은 무엇인지 쓰시오.

_____

8 품새와 겨루기의 뜻을 쓰시오.

• 품새 : _____

• 겨루기 : _____

9 ㉠~㉢을 통해 태권도가 어떤 운동임을 알 수 있는지 쓰시오.

_____

03 여러 가지 생각

※ 다음 글을 읽고, 물음에 답하시오.

옛날 조선 시대에 약속을 중요하게 여기는 나이 든 한 선비가 있었어요. 이 선비는 장마철 나들이 때에는 반드시 갈모를 두 개씩 겹쳐 쓰고 나갔어요. 길을 가다가 미처 우비를 준비하지 못한 사람들에게 빌려 주기 위해서였지요.

어느 날, 길을 가는데 마침 우비 없는 젊은 선비가 있어 갈모 하나를 빌려 주었어요. 그리고 다음에 꼭 돌려주겠다는 다짐을 받고 헤어졌어요. 그런데 며칠, 아니 몇 달이 지나도 갈모를 빌려간 선비는 다시 찾아오지 않았어요.

몇 년이 흘러 갈모를 빌려 준 선비는 높은 벼슬에 이르러 중요한 일을 맡게 되었어요. 그러던 어느 날 어떤 젊은 선비가 새로 부임하여 인사를 드리러 왔습니다. 그런데 그 젊은 선비를 자세히 살펴보니 몇 년 전 갈모를 빌려간 뒤 되돌려 주지 않은 사람이었던 거예요.

"갈모 하나 돌려주지 못하는 사람에게 어찌 ㉠나라의 큰일을 맡길 수 있겠는가?"

이 말에 깜짝 놀란 젊은 선비는 할 말이 없었던지, 제 발로 걸어 나가 일을 그만두었다고 해요.

1 나이 든 선비가 젊은 선비에게 ㉠과 같이 말한 까닭을 쓰시오.

---

2 이 훈화에서 얻게 된 교훈을 한 문장으로 쓰시오.

※ 다음 표를 보고, 물음에 답하시오.

자전거 안전사고 실태

나이별

14세 이하	15~29세	30~49세	50세 이상	합계
414건	40건	46건	34건	534건

장소별

도로	공원 및 놀이 시설	가정	운동 시설 및 여가 활동 지역	기타	합계
310건	56건	58건	25건	85건	534건

3 자전거 안전사고가 가장 많이 일어나는 나이와 장소를 쓰시오.

- 나이 : (   )

- 장소 : (   )

4 이 표의 내용을 통해 알게 된 사실 두 가지를 쓰시오.

_____

_____

5 자전거 안전사고가 일어나지 않게 하려면 어떻게 해야 하는지 내 의견을 한 가지만 쓰시오.

_____

※ 다음 글을 읽고, 물음에 답하시오.

"자, 이제 약속한 대로 우리 예쁜 공주의 신랑감을 골라야겠소. 그런데 신랑감이 셋이니 이를 어쩐담?"

임금님이 걱정을 하면서 옆에 서 있던 신하들에게 어떻게 하면 좋을지 물어보았습니다.

첫 번째 신하가 말하였습니다.

"임금님, 걱정하실 것 없습니다. 공주님의 병을 고치는데 가장 큰 공을 세운 사람은 바로 첫째라고 생각합니다. 왜냐하면, 첫째가 가지고 있는 마법 망원경이 없었다면 공주님이 병에 걸린 것도 몰랐을 테니까요."

그러자 두 번째 신하가 말하였습니다.

"공주님께서 병에 걸린 걸 알았다 해도 마법 양탄자가 없었다면 궁궐로 이렇게 빨리 날아올 수 없었을 겁니다. 그러니까 둘째를 사위로 삼아야 합니다. 임금님."

이번에는 세 번째 신하가 말하였습니다.

"임금님, 마법 망원경으로 임금님이 써서 붙인 글을 보고, 마법 양탄자를 타고 빠르게 날아온 건 사실입니다. 하지만 막내를 신랑감으로 삼아야 합니다. 왜냐하면, 마법 사과가 없었다면 공주님의 병을 고칠 수 없었기 때문입니다."

"그것참, 사위 고르기 어렵군."

신하들의 말을 모두 들은 임금님은 깊어 더 깊이 생각에 잠겼습니다.

6 삼 형제 중 공주의 병을 고치는 데 가장 큰 공을 세운 사람은 누구라고 생각하는지 자신의 의견을 쓰고, 까닭을 쓰시오. (50자 내외)

01 고장의 모습

1 하늘에서 본 우리 고장

1 다음 글을 읽고, 우리나라 위치의 좋은 점을 생각하여 쓰시오. (30자 내외)

- 아시아 대륙에 위치하고 있다.
- 삼면이 바다로 둘러싸여 있다.
- 다른 나라와 이웃해 있다.

2 지구본에 대한 설명을 읽고, 지구본을 통해서 알 수 있는 것 두 가지를 쓰시오.

- 둥근 지구의 모습을 아주 작게 나타낸 모형이다.
- 지구본의 위쪽이 북극, 아래쪽이 남극이다.
- 바다는 파란 색으로 칠해져 있고, 육지는 다양한 색으로 칠해져 있다.
- 지구의 여러 나라가 표시되어 있다.
- 우리나라는 지구본의 가운데에서 북쪽으로 조금 떨어진 곳에 위치하고 있다.

3 주소는 어떤 곳의 위치를 나타낸 것으로, 주소를 보고 편지를 배달하기도 하고 내비게이션을 이용하여 주소를 찾아가기도 합니다. 주소를 알면 좋은 점은 무엇인지 한 가지만 쓰시오.

4 우리 고장의 모습을 살펴볼 때에는 높은 곳에 올라가거나 우리 고장의 그림지도, 항공사진, 위성사진 등을 살펴봅니다. 높은 곳에서 고장을 내려다 봤을 때 알 수 있는 것을 두 가지 쓰시오.

_____

5 자연환경과 인문환경에 대한 설명을 읽고, 과수원이 자연환경인지 인문환경인지 쓰고, 그렇게 생각한 까닭을 쓰시오.

> • 자연환경 : 인간을 둘러싸고 있는 모든 환경 중에서 인간이 만든 것이 아닌 자연적인 것으로 산, 들, 하천, 바다 등이 있다.
> • 인문환경 : 인간을 둘러싸고 있는 모든 환경 중에서 인간에 의해 만들어진 것으로 논과 밭, 관청, 도로, 집, 등이 있다.

_____
_____

❷ 고장의 자연과 우리의 생활

6 다음 글을 읽고, 지형이 우리 생활에 어떤 영향을 끼치는지 쓰시오.

> • 티베트의 고원은 산이 많아 교통이 불편하고, 농사 지을 만한 땅이 없어 목장에서 가축을 기름.
> • 미국의 대평원은 땅이 평평하고 들이 넓어 농사를 많이 짓고, 비행기를 이용하여 농약을 뿌림.
> • 네덜란드는 하천 때문에 다니기 불편한 사람들이 다리를 놓고, 하천에 배를 띄워 물건을 운반함.

_____
_____
_____
_____

7 다음 글을 읽고, 기후가 사람들의 생활에 어떤 영향을 끼치는지 쓰시오.

> - 열대 기후의 지역은 덥고 비가 많이 내리므로 집을 땅보다 높게 짓고 많은 비가 내려도 빗물이 고이지 않게 지붕의 경사를 급하게 만들어요. 한대 기후의 지역은 너무 추워서 나무가 자랄 수 없고 흙을 이용하는 것도 어려워요. 그래서 동물의 가죽으로 천막을 짓고 살거나 얼음으로 집을 짓고 살지요.
> - 적도와 가까운 건조 기후에 사는 사람들은 뜨거운 햇볕에 화상을 입을 수 있어서 얇은 천으로 온 몸을 가려요. 추운 러시아에 사는 사람들은 모피 코트에 러시아식 털모자인 샤프카를 쓰지요.
> - 열대 기후에 사는 타이 사람들은 평야에서 쌀을 많이 재배해서 볶음밥인 '카오팟'이나 쌀로 만든 '쌀국수'를 먹어요. 독일은 온대 기후에 속하며 여름에 서늘하고 겨울에 따뜻해서 곡물을 재배하기 어렵기 때문에 가축을 많이 길러요. 그래서 그 가축으로 만든 다양한 소시지가 유명하지요.

8 사람들이 다음과 같은 노력을 하는 까닭은 무엇인지 쓰시오.

- 일회용품 사용 줄이기
- 쓰레기 함부로 버리지 않기
- 나무 함부로 베지 않기
- 동물의 이동 통로를 확보하여 도로 건설하기
- 자연과 조화로운 개발하기

3 고장 사람들이 하는 일

9 다음은 해준이가 고장 사람들의 직업을 조사하여 만든 표입니다. 다음 표를 보고 해준이가 살고 있는 고장은 어디인지 쓰고, 그렇게 생각한 까닭을 쓰시오.

직업	농업	어업	판매업	사무업	제조업	기타
사람 수	460명	–	50명	35명	40명	22명

(1) 해준이가 사는 고장 : _____

(2) 그렇게 생각한 까닭 : _____

_____

4 마을의 그림지도

10 방위에 대한 설명을 읽고, 방위를 알면 좋은 점을 한 가지만 쓰시오.

> - 한 기준의 방향에 대하여 나타내는 어떠한 쪽의 방향이다.
> - 방위 표시의 가장 기본은 동서남북의 4방위이다. 보통 숫자 4를 쓰듯이 그리는데, 4자의 머리에 해당하는 곳이 북쪽, 그 아래가 남쪽, 오른쪽이 동쪽, 왼쪽이 서쪽이다.

_____

11 나침반이 없던 시절의 옛날 우리 조상들은 여러 가지 지혜를 짜내어 방향을 알아냈어요. 다음 글을 읽고, 우리 조상은 무엇을 보고 방위를 알아냈는지 쓰시오.

> - 이첨지 : 나무의 나이테가 넓은 곳이 남쪽이지.
> - 강대감 : 나뭇가지가 무성한 걸 보니 이쪽이 남쪽이군.
> - 최서방 : 북극성이 보이는 쪽으로 가면 북쪽이지.
> - 오사또 : 눈이 빨리 녹는 산등성이가 남쪽 산등성이지.

_____

02 고장의 자랑

1 고장의 발자취

1 경현이가 고장의 모습을 조사하기 위해 선택한 방법의 장점을 쓰시오.

> 희열이와 함께 우리 고장에 오래 사신 할머니 할아버지를 찾아뵙고, 우리 고장의 역사와 우리 고장에서 나고 자란 훌륭한 분들에 대한 이야기를 들었다. 할머니 할아버지를 섭외하기가 힘들고 찾아가기까지 시간과 비용이 많이 들었지만 할머니 할아버지의 말씀을 들으니 고장에 대해 그동안 몰랐던 많은 것들을 알 수 있어서 좋았다.

_____

_____

2 다음과 같은 고장의 지명을 통해 알 수 있는 것을 두 가지 쓰시오.

장승배기	장승이 세워져 있는 고개
아우내	두 개의 하천이 모여서 합쳐지는 곳
말죽거리	여행자들이 쉬면서 말에게 죽을 쑤어 먹였던 곳
기와골	기와를 굽는 가마가 있는 마을이라는 뜻

_____

2 고장의 자랑스러운 인물과 일

3 고장의 자랑스러운 인물에게 다음과 같은 기념비를 세워 주는 까닭을 쓰시오.

01 우리 생활과 물질

① 물체와 물질

1 다음 사진을 보고, 물질이란 무엇인지 설명하시오.

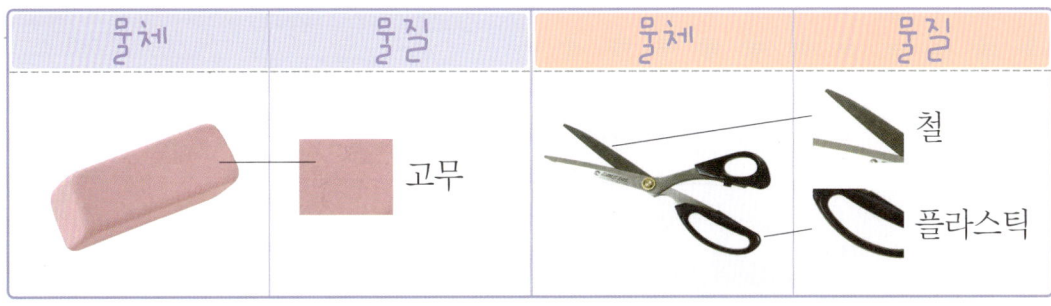

---

2 다음 사진을 보고, (가) 물체와 (나) 물체의 차이점을 쓰시오.

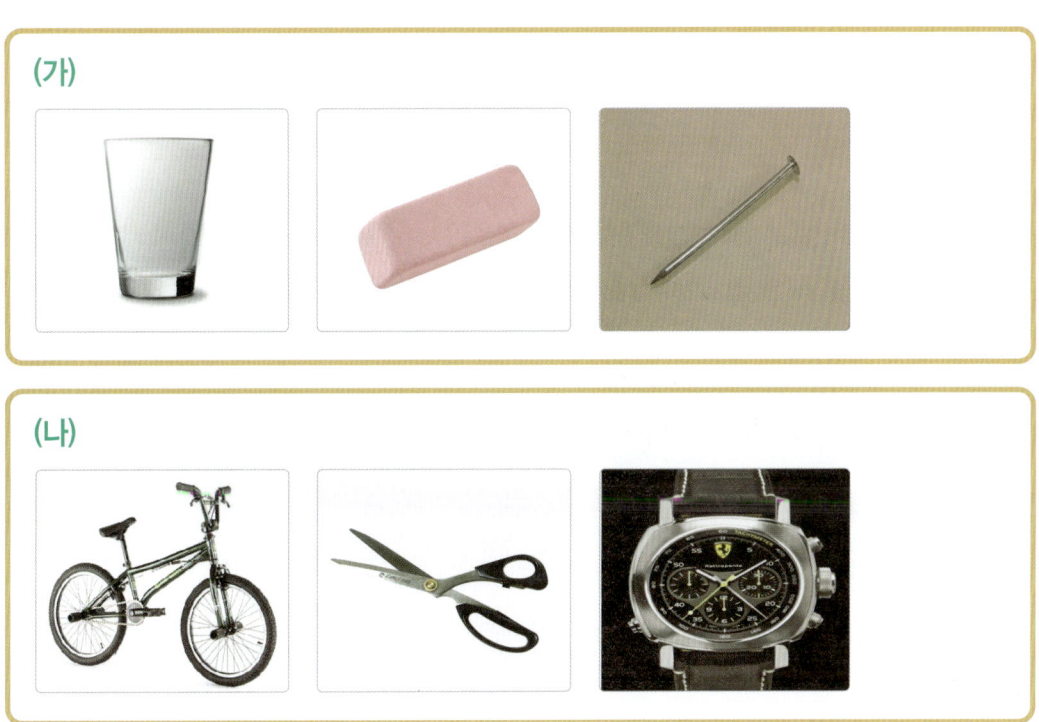

2 다양하게 쓰이는 물질

3 유리와 플라스틱의 성질을 살펴보고, 유리 안경알보다 플라스틱 안경알이 좋은 점을 한 가지만 쓰시오.

유리	담긴 내용물을 쉽게 알 수 있고, 뜨거운 열에도 잘 견디지만 쉽게 잘 깨짐.
플라스틱	가볍고 튼튼하며 떨어뜨려도 잘 깨지지 않지만 열에 약하고 유해 물질이 나옴.

_____

4 우리는 주변에서 여러 가지 재질의 컵을 사용합니다. 커피 자판기에서 유리컵을 사용하지 않고 종이컵을 사용하는 이유는 무엇인지 쓰시오.

_____

❸ 물질의 상태

5 다음 표를 보고, 액체란 무엇인지 설명하시오.

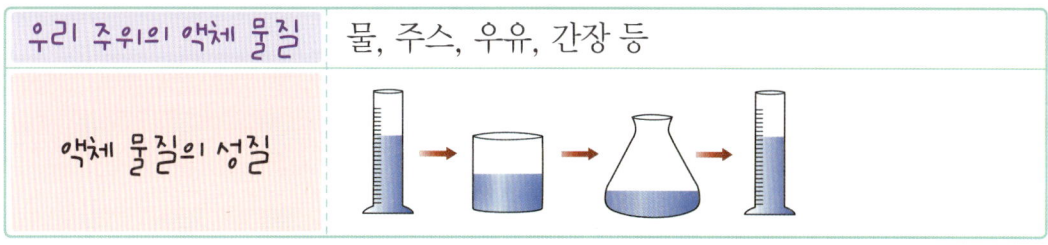

6 다음과 같은 현상을 통해 알 수 있는 것은 무엇인지 쓰시오.

7 우리 생활 속에서 공기를 이용하는 예를 찾아 두 가지만 쓰시오.

02 자석의 성질

1 자석과 물체

1 자석에 붙는 물체와 자석에 붙지 않는 물체를 살펴보고, 자석에 붙는 물체의 공통점을 쓰시오.

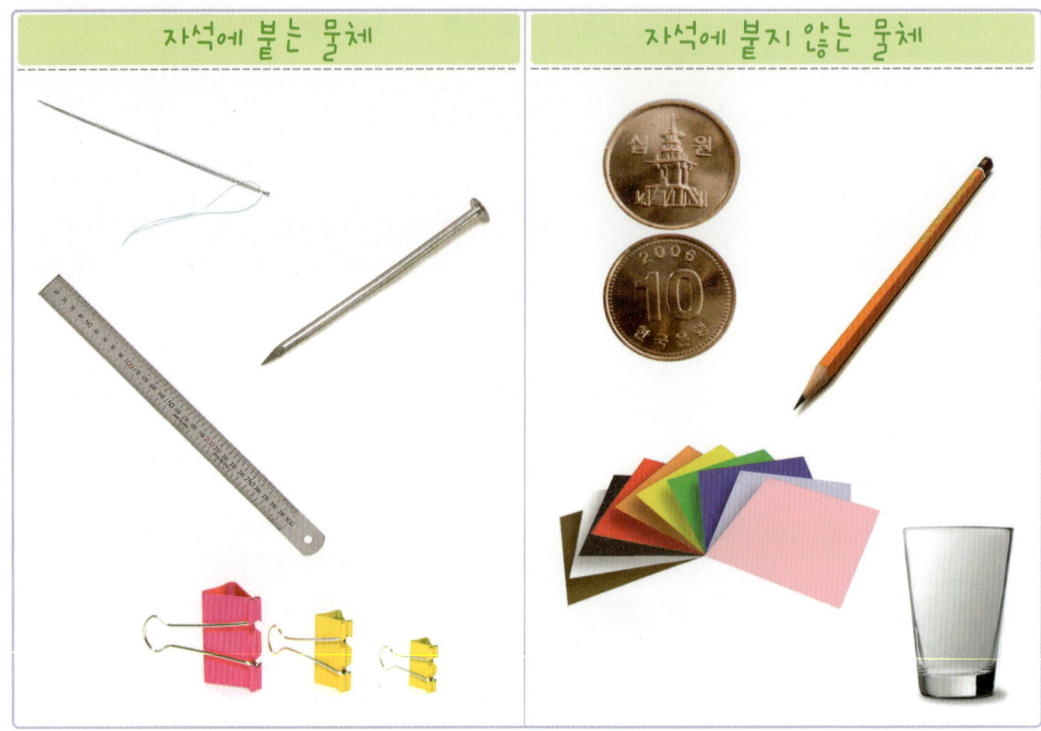

2 막대 자석을 클립이 들어 있는 상자에 넣었다가 꺼냈을 때, 클립이 가장 많이 붙는 부분 두 군데에 ○ 하고 까닭을 쓰시오.

• 까닭 :

책 속의 책

GUIDE &
가능한 답변들

※ 들어가기 전에 – 이 책은 다양한 개성적인 반응과 답변을 유도하는 데 목적이 있으므로, 단 하나의 유일한 정답이 없는 문항들도 많습니다. 그러므로 〈정답의 방향〉을 가늠하는 참고 자료로 활용해 주시기 바랍니다.

week 01 발상사고혁명
반드시 그래야 하나요?
05쪽

고정 관념을 깨자
01 멋진 운동화를 만들어 보자!

G·U·I·D·E 어떤 사물이나 상황, 주어진 물건을 보고, 새로운 것을 상상하거나 고유한 기능 외에 다른 기능을 생각해 봅니다.

1 ① 신발을 따로 신으니까 / 들고 다녀야 하니까
② 신발과 인라인 스케이트를 합칠 순
③ 불이 켜질 / 스케이트 보드와 합칠

2 불이 켜져서 캄캄한 밤에도 다닐 수 있는 기능 / 엔진이 달려서 오토바이처럼 달릴 수 있는 기능 / 물걸레가 달려서 걸으면서 집 안을 청소할 수 있는 기능 / 향기가 나서 발 냄새가 안 나게 하는 기능 등

3 ① 모자와 축구공 / 모자 위에 축구공을 넣어 다닐 수 있는 주머니 달린 모자를 만든다.
② 공과 자전거 / 바퀴를 공으로 만들어서 타고 다니다가 심심하면 빼내서 공차기를 한다.
③ 비행기와 택시 / 하늘을 날기도 하고, 도로를 달리기도 하는 새로운 교통수단을 만든다.

02 고정 관념 벗어던지기

G·U·I·D·E 고정 관념을 깨려면 '안 된다'는 생각부터 버려야 합니다. 에스키모인에게 냉장고를 못 팔 것이라고 생각하지만 오히려 음식을 얼지 않게 하기 위해 냉장고가 필요하다고 합니다. 이처럼 생각을 조금만 바꾸면 세상을 바꿀 수도 있습니다.

1 전화벨 소리는 꼭 '따르릉'이라고 똑같이 울려야 할까? / 사람마다 각자 다른 전화벨 소리가 울리면 안 될까?

2 다른 제과점에서는 구할 수 없는 특별하고 새로운 빵을 만들기 위해 계속 고민했고, 빵 속에 아무것도 들어가지 않아야 한다고 생각했던 당시 사람들의 고정 관념을 깼기 때문에

3 각자 상상한 것을 자유롭게 씁니다.

새롭게 생각해요
앗, 외계인이 나타났다!

G·U·I·D·E 외계인의 모양에 대한 고정 관념을 깨고 새롭게 외계인의 외모를 상상해 봅니다.

1 ① 있을 것 같아요. / 없을 것 같아요.
② TV에서 보면 외계인을 봤다는 사람들이 많이 나오니까요. / 외계인을 실제로 봤다는 사람은 많지만 실제로 외계

인이 직접 TV에 나온 적은 없잖아요. 모두 꾸며낸 말 같아요.

2 남들이 그리는 대로, 책에서 본대로 습관적으로 따라 그렸기 때문에

3 ㉠ (지구에 찾아올 정도로) 머리가 좋아서 ㉡ 우주선이 깨끗해서 / 우주선 안에서만 살기 때문에 / 우주에는 먼지가 없어서 등

4 사람들이 흔히 생각하는 외계인의 개념에서 벗어나 자신만의 독특한 상상력을 총 동원해서 자유롭게 그림을 그리고, 그런 모양이라고 생각하는 이유를 씁니다.

한 걸음 더
아, 이럴 수도 있구나!
G·U·I·D·E 지도는 늘 같은 모양으로 인쇄되어 있습니다. 그러나 동그란 지구를 꼭 그렇게 표시해야 한다는 법은 없습니다. 거꾸로 뒤집힌 지도를 통해 고정된 생각의 틀을 깨뜨릴 수 있습니다.

2 모양이 거꾸로 되어 있기 때문에

3 새롭다 / 특이하다 / 처음 봐서 낯설다 / 한국이 바다 쪽으로 뻗어 있는 것 같다.

week 02
교과서 논술 01
감동의 물결
13 쪽

내 눈으로 보는 교과서
01 표정을 읽어라

1 ④

2 ④

3 ④
  G·U·I·D·E 시험을 보고 나서 시험 합격 여부를 기다리고 있는 장면입니다. 이와 비슷한 경험을 떠올려 봅니다.

4 시험에 합격했을 것이다.

열린교과서
1 (1)-㉣, (2)-㉢, (3)-㉡, (4)-㉠

2 (1) 화난 표정의 얼굴, 번개치는 그림 등
   (2) 눈물 그림, 우는 표정의 얼굴 등

02 시의 세계, 우리의 세계

1 ④

2 짹

3 ④
  G·U·I·D·E 참새네 학교와 우리가 다니는 학교의 다른 점이 무엇인지 시 속

에서 찾아봅니다.

4 ②

열린교과서

1 돼지 – 꿀꿀 / 꾸익꾸익 / 오잉오잉
  고양이 – 야옹야옹 / 야앙야앙

2 꿀꿀, 꿀꿀, 꿀, 꿀꿀, 꿀꿀 / 꾸익꾸익, 꾸익꾸익, 꾸익, 꾸익꾸익, 꾸익꾸익

03 이야기의 세계, 우리의 세계

1 ⑤
  G·U·I·D·E 종민이가 어떤 행동을 하였을 때 아이들이 "거지래요, 거지래요."라고 놀렸는지 생각해 봅니다.

2 ⑤

3 ①

4 ⑤

5 친구들에게 놀림을 받지 않을 것이기 때문에

6 ⑤

7 ③
  G·U·I·D·E '왕 거지' 처럼 서열이 있는 것에 익숙한 아이들은 '자장, 짬뽕, 탕수육' 중 좋은 자리가 어디인지 궁금해 하고 있습니다.

8 기어들어가는 듯한 작은 소리

9 '왕 거지'는 서열이 있지만 '자장 짬뽕 탕수육'은 서열이 없이 개인의 취향에 따라 고를 수 있다.
  G·U·I·D·E '왕 거지'는 서열이 있어서 모두가 왕 자리에 서고 싶어 하지만 '자장 짬뽕 탕수육'은 서열이 있는 것이 아니라 각자 좋아하는 취향대로 설 수 있어서 어떤 자리에 서더라도 놀림을 받지 않을 수 있습니다.

열린교과서

1 • 붙이고 싶은 이름 : 수금지화목토천해명
  • 붙이고 싶은 까닭 : 별에서 소변을 보는 것 같은 느낌이 들기 때문에
  G·U·I·D·E '왕 거지' 처럼 서열이 있는 이름 대신, '자장 짬뽕 탕수육' 처럼 서열은 정해져 있지 않고 각자 취향에 맞게 선택할 수 있는 재미있는 이름들을 짓습니다.

뛰어넘자 교과서
내 것만 소중해

1 자신의 비용 없이 넓은 목초지에서 풀을 먹일 수 있기 때문에

2 공중 화장실, 공원
  G·U·I·D·E '공동의 땅'이 자신의 돈을 들이지 않고 마음껏 사용할 수 있는 공공시설이나 공공지역이라는 것을 깨닫게 하고 우리 주변에서 볼 수 있는 공공시설이나 공공지역이 어디인지 찾아봅니다.

week 03
독서 클리닉
흥부는 착한 사람? 나쁜 사람?

23 쪽

새롭게 읽어요
01 흥부와 놀부를 파헤친다

G·U·I·D·E 흥부는 무조건 좋은 사람이라는 고정된 시각에서 벗어나 『흥부전』을 새롭게 읽어 봅니다.

1 놀부에게 부모님의 재산을 다 빼앗겼기 때문에 / 가족들이 많아서 등

2 흥부 / 놀부

3 놀부의 좋은 점 : 생활력과 자립심이 강하다. / 재물의 소중함을 알고 있다. / 제비 다리를 찾아 부러뜨릴 정도로 적극적이다.
흥부의 나쁜 점 : 자신의 권리와 재산을 찾을 줄 모른다. / 무능력해서 가족을 고생시켰다. / 무책임하게 아이만 많이 낳았다.

02 흥부는 무능력하다?

G·U·I·D·E 흥부는 무조건 착하다는 고정된 시각을 깨고 단점을 비판해 봅니다.

1 열심히 일해서 돈을 벌 생각은 하지 않고 놀부의 도움만 받으려 했다. / 부모님의 재산을 형에게 다 빼앗겨서 가족들을 힘들게 했다. / 능력도 없으면서 아이를 열 명이나 낳아 고생시켰다.

2 열심히 일을 하고 싶어도 농사지을 땅이 없었다. / 아무리 나쁘다고 해도 형에게 대들거나 형과 싸우는 것은 바람직한 행동이 아니다. / 가난하다면 아이도 못 낳는가? 가난해도 행복한 사람들이 얼마든지 있다.

03 그래도 흥부는 착해요

G·U·I·D·E 흥부의 단점을 찾아내는데서 그치지 않고, 한 걸음 더 나아가 '그럼에도 불구하고 흥부가 훌륭한 이유'를 찾아냅니다.

1 남의 일에만 신경쓰느라 자기의 이익을 제대로 챙기지 못해서

2 형제간의 우애를 중요하게 생각하는 마음 / 작은 생명까지 소중하게 생각하는 착한 마음

한 걸음 더
놀부는 정말 뉘우쳤을까?

G·U·I·D·E '놀부가 가짜로 뉘우치는 장면'이 나오는 만화를 보면서 '나쁜 사람이 항상 마지막에 뉘우친다.'는 고정 관념에서 벗어난 독창적인 『흥부전』의 뒷이야기를 만들어 봅니다.

1 상상력을 마음껏 발휘하여 재미있는 이야기를 만들어 보세요.

2 저는 학천 초등학교에 다니는 김윤희라고 합니다. 놀부아저씨, 아저씨는 왜 그

렇게 욕심이 많으세요? 재산도 많은데 왜 동생을 쫓아냈나요? 착한 동생을 그렇게 내쫓고도 아무렇지도 않으신가요? 아저씨 동생은 아저씨가 그렇게 괴롭혔는데도 부자가 됐을 때 같이 살자고 말할 정도로 너무나 정말 착한 사람이에요. 저에게는 정말 말을 안 듣는 동생이 있어요. 그런데도 저는 잘 보살피고 있어요. 아저씨도 저처럼 동생을 많이 사랑해 주면서 오래오래 행복하게 사세요. / 2005년 1월 5일 윤희

독서 클리닉 plus
신문에서 배워요

1 마당놀이

2 형제간에 우애있게 지내야 한다는 것과 착하게 사는 삶이 무엇인지 알 수 있게 해 준다.

3 등장 인물의 정서와 감정을 표현하는 과정에서 자기표현 능력을 길러 준다.

내 눈으로 보는 교과서
01 잘 듣는 것도 힘이다

1 ③ → ② → ① → ④

2 • 듣는 태도가 바른 사람 : 강민
   • 그렇게 생각하는 까닭 : 중요한 내용을 적으면서 들었기 때문에

열린교과서

1 (1)-ㄷ, (2)-ㄱ, (3)-ㄴ, (4)-ㄹ

2 ㄱ, ㄷ, ㄹ

02 중심 있고 세부 있다 01

1 ④

2 (1) - ㄱ, (2) - ㄴ

3 방법

G·U·I·D·E 중심 내용은 문단 전체를 대표하는 내용으로 문단에서 중심 내용은 하나임을 알게 합니다. 그리고 중심 내용은 보통 문단의 첫 부분에 온다는 것을 기억합니다.

열린교과서

1 ㄱ, ㄴ

2 • 중심 내용 - 씨앗의 모양은 여러 가지임.
   • 세부 내용 - 가시가 있는 도깨비바늘, 갸름한 타원형 모양의 참외 씨앗

G·U·I·D·E 한 문단의 중심 내용과 중심 내용을 뒷받침하거나 예를 들면서 자세히 설명하는 세부 내용을 정리합니다.

02 중심 있고 세부 있다 02

1 ②

week 04
교과서 논술 02
아는 것이 힘
33 쪽

2 혀

3 혀로 먹이를 잡아먹는 동물, 입으로 먹이를 먹는 동물

열린교과서

1 겨울이 되면 동물들은 여러 가지 방법으로 겨울잠을 잔다.

2 • 중심 내용 – 동물들은 여러 가지 방법으로 겨울잠을 잠
  • 세부 내용 – 바위틈이나 땅속에서 죽은 듯이 똬리를 틀고 자는 뱀, 마른 풀과 낙엽 등을 모아 자는 고슴도치

뛰어넘자 교과서
문어도 비밀 있다

1 ④

2 ㉠-②, ㉡-①

교과서 탐구
01 지도야, 우리 고장의 모습을 보여다오

1 ③
G·U·I·D·E 우리나라는 아시아 대륙에 위치하고 있고, 삼면이 바다로 싸이고 한 면은 육지로 이어진 반도 국가이며, 주변에는 여러 나라들이 자리 잡고 있다는 것을 세계지도를 보면 알 수 있습니다.

2 우리 고장의 위치

3 ㉡→㉠→㉢
G·U·I·D·E 우리 고장의 위치를 찾을 때에는 '지구 → 대한민국 → 시·도 → 우리 고장'의 순서로 찾습니다.

4 ⑤

5 ㉠-북극, ㉡-남극

6 파란색

7 나침반
G·U·I·D·E 나침반을 이용해서 방위를 맞추려면 나침반을 바닥에 올려놓아야 하며, 나침반의 빨간색 바늘은 항상 북쪽을 가리킵니다.

8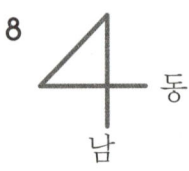

G·U·I·D·E 방위란 동서남북의 방향을 알려 주는 것입니다. 보통 지도는 동서남북 4바위이고 4방위보다 더 자세하게 나눈 것이 8방위입니다. 8방위는 먼저 열 십(十)자로 동서남북을 표시하고, 그 사이사이에 X자를 표시해서 남북을 기준으로 북동, 남동, 남서, 북서라고 합니다.

9 1. ✚   2. 🏠   3. 〰️
   4. 🌱   5. 🌳   6. ⛰️

10 실제 모습을 그대로 그리면 시간이 오래 걸리기 때문에
   G·U·I·D·E 지도는 넓은 땅을 일정한 크기로 줄여 알아보기 쉽게 그린 그림이기 때문에 한 장의 종이 안에 강, 산, 건물, 집들을 생긴 대로 나타낼 수 없어요. 그래서 땅의 모양이나 여러 건물을 알아보기 쉬운 모양으로 통일하여 쓰기로 약속하였고, 그것이 바로 '기호'입니다.

11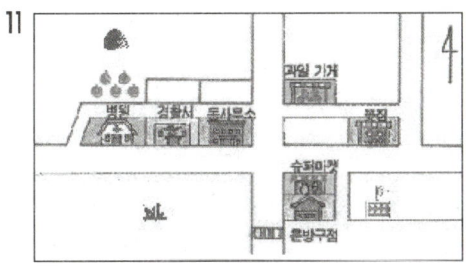

Step by Step
01 나침반이 없다면?

1 북극성 위치 찾기, 나무의 나이테, 나뭇가지

2 남쪽이 햇볕을 더 많이 받기 때문에
   G·U·I·D·E 나뭇가지는 햇기 드는 남쪽 방향의 가지가 무성하고 나이테 역시 북쪽보다 남쪽 방향의 나이테가 넓습니다. 그리고 철새는 겨울엔 남쪽으로 여름엔 북쪽으로 이동합니다. 초봄에는 눈이 빨리 녹은 쪽이 남쪽이고 집의 문 크기로도 방위를 알 수 있는데 큰 문은 주로 남쪽으로 내고, 북쪽 창문은 작게

내거나 거의 내지 않습니다. 집과 대문의 방향은 주고 남향으로 하므로 집과 대문의 방향을 보면 방위를 알 수 있습니다.

02 지구본과 세계 지도는 어떻게 다른가?

1 G·U·I·D·E 지구본은 둥글기 때문에 정면에서 보면 지구본은 한쪽 면만 보이고 다른 쪽을 보려면 뱅글뱅글 돌려야 하며 여행 갈 때 지구본을 들고 다닐 수 없습니다. 하지만 지구의 정확한 모습을 표현하기에는 지구본만큼 좋은 게 없습니다. 종이 세계 지도는 지구의 모든 땅덩이와 바다를 한눈에 펼쳐놓고 볼 수 있지만, 둥근 지구 표면을 평면에 옮겨야 하기 때문에 둥근 지구의 모습을 똑같이 나타낼 수는 없습니다.

	지구본	세계지도
장점	땅과 바다의 크기, 모양, 비율이 실제 지구와 비슷하다.	한눈에 전 세계의 모습을 볼 수 있다.
단점	들고 다니기 불편하고, 보고 싶은 나라를 찾을 때는 오래 걸린다.	땅의 모양과 크기가 실제와 다르다.

2 세계 지도

03 나무판에 우리나라를 새긴 김정호

1 대동 – 우리나라 / 여지도 – 땅 전체
   G·U·I·D·E 대동여지도를 다 이어서 펼치면 세로 약 7미터, 가로 약 4미터쯤 되는 엄청나게 큰 지도입니다. 하지만 병풍처럼 접으면 한 권의 책처럼 변해서 보관하기도 쉽고 가지고 다닐 수도

있었습니다. 게다가 목판이라 똑같은 지도를 많이 찍어낼 수 있었습니다. 이것은 지도를 필요한 사람은 누구든지 사용할 수 있도록 했다는 뜻입니다.

2 상세한 지도가 왜적의 침략에 도움을 줄 것이라고 생각하여서

2 왜냐하면

3 쓰레기를 쓰레기통에 버리자.

4 교실이 깨끗해지기 때문이다.

열린교과서

1 • 집을 산 사람 : 산 것은 집이지 금은 보화가 아니다.
  • 집을 판 사람 : 판 것은 집이지 금은 보화가 아니다.

2 나는 랍비의 의견이 옳지 않다고 생각한다. 왜냐하면 결혼을 자신의 의견과 상관없이 강제적으로 시키는 것은 바르지 않기 때문이다.

G·U·I·D·E 랍비의 의견이 문제를 해결하는 데 적당한지 그렇지 않은지 판단한 다음 내 의견을 타당한 까닭을 들어 말해 봅니다.

week 06
교과서 논술 03
여러 가지 생각
51쪽

내 눈으로 보는 교과서
01 글 속에 교훈 있다

1 ⑤

2 ⑤

3 약속을 잘 지켜야 한다.

열린교과서

1 ⑤

2 말을 함부로 하면 안 된다.

02 의견 속에 까닭 있다

1 ⑤

03 의견 속에 까닭 있다 02

1 ⑤

2 마법 망원경, 마법 양탄자, 마법 사과

3 ⑤

4 • 의견 : 첫째가 사위가 되어야 한다.
  • 까닭 : 마법 망원경이 없었다면 공주님이 병에 걸린 것도 몰랐을 테니까

5 ⑤

G·U·I·D·E 둘째가 가지고 있는 마법 양탄자가 한 일이 무엇인지 생각하여, 마법 양탄자가 없었을 때의 상황을 상상해 봅니다.

6 ⑤

7 나는 임금님의 결정이 옳다고 생각한다. 그 까닭은 자신이 가진 가장 소중

한 것을 남김 없이 공주에게 주었기 때문이다.

뛰어넘자 교과서
뚱뚱한 죄

1 ①
2 • 찬성
　까닭 : 알란 유르겐의 뚱뚱한 몸이 다른 사람에게 많은 피해를 주기 때문이다.
• 반대
　까닭 : 알란 유르겐에게 징역을 선고하는 것보다 알란 유르겐이 병원에서 치료를 받고 몸무게를 줄일 수 있게 해 주는 것이 더 적절한 방법이라고 생각하기 때문이다.
G·U·I·D·E 알란 유르겐을 뚱뚱하다는 이유로 징역을 선고하는 것이 정당한지 그렇지 않은지 판단해 보고, 정당하지 않다면 그 까닭은 무엇인지 써 봅니다.

교과서탐구
우리 생활과 물질

1 (1)-△, (2) - ○
G·U·I·D·E 물체는 침대, 가위, 주전자처럼 구체적인 모양과 크기가 있는 것이고, 물질은 물체를 이루는 성분이나 재료를 말하는 것임입니다.
2 (1) 헝겊 - 인형
　(2) 고무 - 지우개, 공
　(3) 유리 - 컵
3 ⑤
4 ③
G·U·I·D·E 물질마다 고유한 성질을 지니고 있으며 물질마다 색깔, 촉감, 긁히는 정도, 물에 뜨는 정도, 구부러지는 정도(유연한 정도)가 다릅니다.
5 가볍고 튼튼한 성질
G·U·I·D·E 플라스틱은 부드럽고 가벼우며 쉽게 부서지지 않기 때문에 필통, 컴퓨터, 장난감 등 다양한 용도로 사용됩니다.
6 잘 깨지지 않기 때문에
G·U·I·D·E 식당에서 유리컵 대신 쇠컵을 많이 사용하는 건 유리컵은 여러 사람이 사용하는 식당에서는 깨질 위험이 있기 때문입니다.
7 ③
G·U·I·D·E 물체의 재료가 되는 물질은 고체, 액체, 기체 상태로 나뉘는데 고체는 나무나 철처럼 담는 그릇이 바뀌어도 모양과 부피가 일정합니다.
8 담는 그릇이 바뀌어도 알갱이 하나하나는 모양이나 크기가 변하지 않기 때문에
G·U·I·D·E 고체는 담는 그릇이 바뀌

week 07
영재 클리닉 02
신기한 물질
61쪽

어도 모양이나 크기가 변하지 않는 성질을 갖고 있는데, 모래, 설탕, 소금은 담는 그릇에 따라 모양이 달라집니다. 그런데도 고체라고 하는 까닭은 가루 전체의 모양은 담는 그릇에 따라 모양이 변하지만, 가루 알갱이 하나하나의 모양은 변하지 않기 때문입니다.

9 담는 그릇에 따라 모양이 달라진다, 모양은 달라져도 양은 달라지지 않는다.
G·U·I·D·E 눈금실린더의 물을 다른 모양의 그릇에 옮겨 부은 후 처음의 눈금실린더에 다시 부어 본 결과 담는 그릇에 따라 액체의 모양은 달라지지만 액체의 양은 변하지 않습니다.

10 ⑤
G·U·I·D·E 기체는 공기나 수증기처럼 담는 것에 따라 모양도 변하고, 흐르는 성질도 있으며, 압력과 온도에 따라 부피도 변합니다.

11 ⑤
G·U·I·D·E 우리가 숨을 쉴 수 있고, 어항 속의 물고기가 입을 빼끔거리고, 깃발이 날리고 선풍기를 틀면 시원하고 바람개비가 돌아가는 것을 통해 공기가 있음을 알 수 있습니다.

Step by Step
01 우유와 요구르트는 성질이 달라요

1 걸쭉하고 시큼하게 변화했다.

2 ④
G·U·I·D·E 김치와 요구르트, 된장과 치즈의 공통점은 모두 원래의 재료를 다른 물질로 변화시켜 만든 음식이라는 것입니다. 우유에 유산균이 들어가면 우유와는 다른 맛을 내는 요구르트가 만들어지고 된장과 치즈도 원래의 재료인 콩이나 우유와 다른 맛을 냅니다. 이처럼 물질의 성질이 바뀌는 변화를 화학적 변화라고 합니다.

3 각설탕과 가루 설탕, 쇠와 쇳가루, 종이와 찢어진 종이 등
G·U·I·D·E 각설탕과 가루 설탕은 모양은 다르지만 같은 물질입니다. 그래서 맛도 똑같이 답니다. 종이를 잘게 찢어도 종이의 성질은 변하지 않습니다. 이처럼 모양은 변하지만 물질의 성질은 바뀌지 않는 변화를 물리적 변화라고 합니다.

02 상태가 다르면 움직임도 달라요

1 기체

2 ⑤

3 활발하게 운동하기 때문에, 이동 속도가 빠르기 때문에
G·U·I·D·E 고체는 분자들이 서로 가까이 붙어 있기 때문에 자유롭게 움직일 수 없습니다. 액체는 고체에 비하면 분자가 어느 정도 자유롭게 움직이는 상태지만, 그래도 다른 분자로부터 멀리 갈 수는 없는 상태입니다. 하지만 기체는 분자가 하나하나 따로 떨어져 움직이고 속력 또한 빨라서, 분자 크기보다 큰 구멍만 있으면 쉽게 탈출해 버립니다. 그래서 방귀가 그렇게 빨리 퍼지는 것입니다.

03 분자가 바뀌면 맛도 달라져요

1 ③

G·U·I·D·E 상태의 변화란 물질의 성질은 변하지 않고, 모양이 변하면서 딱딱한 상태(고체), 흐르는 상태(액체), 날아다니는 상태(기체)로 바뀌는 변화를 말합니다. 날달걀이 삶은 달걀이 되는 것은 모양뿐만 아니라 성질 즉, 그 물질을 이루는 분자의 모습이 바뀌기 때문에 상태 변화라고 할 수 없습니다.

2 분자가 다르기 때문이다.

내 눈으로 보는 교과서
닮은 점을 찾아보아요

G·U·I·D·E 주어진 대상과 닮은 점이 있는 대상을 생각나는 대로 순서 없이 쓰고, 그것을 정리해 봅니다.

1 ① 김밥 / 바나나 등 ② 피자 / 떡볶이

2 ① 하늘 / 하늘은 높아 높으면 옥상
② 아이스크림 / 아이스크림은 시원해 시원하면 선풍기

3 둥그런 모양이 닮았다. / 색동저고리 – 알록달록 색동 무늬가 닮았다.

4 「무지개」
무지개는
둥그런 구름다리.
저 멀리 산 너머에서
빨리 오라고 손짓하네.

무지개는
아가의 색동저고리.
우리 아가 웃음처럼
알록달록 환하게 웃네.

뛰어넘자 교과서
01 무엇이 되고 싶어?

1 바다 / 게임기 / 강아지

2 힘들거나 기쁠 때 나를 찾아온 사람들을 즐겁게 해 주고 싶다. / 하루 종일 나 혼자 게임을 하며 살고 싶다. / 학교에도 가지 않고 주인과 재미나게 놀면서 즐겁게 하루를 보내고 싶다. 등

3 바다 – 오늘도 많은 사람들이 나를 찾아왔다. 강아지까지 데리고 와서 내 주변을 달리는 아이의 밝은 웃음이 나를 기쁘게 한다. 내 근처에 와서 나를 바라보며 즐겁게 지내는 사람들이 있어서 너무 행복하다.

논술에너지를 쌓아라
01 세상에서 가장 귀중한 보물

1 첫째 – 먼 곳도 볼 수 있는 망원경 / 둘째 – 하늘을 나는 양탄자 / 막내 – 어떤 병도 고칠 수 있는 마법의 사과

02 누가 왕의 사위가 될까?

G·U·I·D·E 『탈무드』에 적힌 이야기로는 막내가 공주와 결혼하게 됩니다. 그 이유는

세 형제 모두가 공을 세웠지만 첫째와 둘째의 보물은 아직 그대로 가지고 있고, 막내의 사과는 공주가 먹어서 없어졌기 때문이라고 합니다. 이것은 『탈무드』에서 '자신의 귀중한 보물을 전부 내 준 막내의 희생'을 가장 가치 있게 평가한 것임을 알 수 있습니다.

1. 첫째가 먼저 포고문을 보았더라도 둘째의 양탄자가 없었다면 그 먼 나라까지 갈 수 없었을 것이기 때문이야. / 아무리 빨리 갔더라도 사과가 없었다면 공주를 살릴 수 없었을 테니까

2. 망원경 - 사방을 둘러보다가 포고문을 발견했다. (그대로 남아 있다) / 양탄자 - 공주가 있는 먼 나라까지 빨리 가는데 사용했다. (역시 그대로 남아 있다) / 사과 - 아픈 공주에게 먹여서 병이 낫게 했다. (먹어서 없어졌다)

3. 나와 같은 평범한 사람의 입장에서 보면 막내의 행동은 정말 엄청나게 훌륭한 행동이다. 왜냐 하면 두 형의 보물은 아직도 형들이 가지고 있지만 막내는 자기가 가진 세상에 단 하나밖에 없는 보물을 공주를 위해서 모두 써 버렸기 때문이다. 그렇기 때문에 막내의 희생은 형들의 희생보다 더욱 가치가 있다고 생각한다.

4. 내 소중한 마법의 사과를 그렇게 쉽게 공주에게 내 줄 수 없을 / 마법의 사과는 이 세상에 한 개밖에 없는 가장 소중한 것인데, 그렇게 소중한 것을 공주에게 주고 나서 갑자기 우리 가족 중에 누군가가 죽을 만큼 아파지면 엄청나게 후회가 될 것이다. 나에게는 한 번도 보지 못한 공주보다 나와 내 가족이 너무나 소중하기 때문에 마법의 사과를 주고 나서 후회하는 일은 절대로 할 수 없을 것이다.

03 소중한 것은 사람마다 달라요

G·U·I·D·E 닭에게 필요한 것은 먹을 수 있는 것 밖에 없겠지요? 그러니 먹을 수 없는 보석은 닭에게 아무 쓸모가 없습니다.

1. 닭에게 필요한 물건이 아니기 때문에

2. 아무리 귀중한 것이라도 나에게 필요 없는 것이라면 아무 가치가 없는 것이다.

3. 부모님이 가장 소중해요. / 친구가 가장 소중해요. / 내가 가장 소중해요. / 새로 산 플레이 스테이션 2가 가장 소중해요. / 먹는 것이 가장 소중해요. 로봇 인형이 가장 소중해요. 등

신나는 논술
내 생각은 이래

1. 내가 생각하는 세상에서 가장 소중한 보물은 바로 부모님이다. 우리 옆에는 항상 우리를 보살피고 걱정하시는 부모님이 계신다. 부모님은 매일 우리를 위해 힘들게 일하시고, 우리가 잘 되기만을 바라시고 아무 조건 없이 사랑을 베풀고 계시지만, 힘들다고 우리에게 투정을 부리거나 더 이상은 못하겠다고 물러서지도 않으신다. 이런 부모님의 마음도 모르고 우리들은 종종 걱정을 끼쳐 드리거나 마음을 아프게 할 때가 있다. 부모님이 해 주시는 것은 무엇이든 감사하고, 말씀을 잘 따르는 것이 효도하는 길일 것이다.

부모님의 사랑은 아무리 부자라도 돈으로 살 수 없는 가장 귀한 보물이다. 이 보물은 비록 눈에 보이지는 않지만 이 세상의 모든 보물과는 비교할 수 없을 정도로

귀하고 값진 것이라고 생각한다. 나는 이 보물이 있기 때문에 이 세상이 더욱 아름답게 빛나고 있다고 믿는다.

국어 술술
01 감동의 물결

1 봄비를 맞고 있는 산과 들이 떠오른다고 하였다.

2 비를 싫어하는데, 〈봄비〉를 읽으니 비가 좋아지려고 한다.

3 세수한 것처럼 깨끗해진 산과 들이 "어이, 시원하구려."라고 말하는 모습이 떠올라 웃음이 나온다.

4 거인들의 걸음에 맞춘 거인나리의 횡단보고가 너무 길기 때문에

5 어린이들이 겪는 어려움을 어른들이 알았으면 좋겠기 때문에
G·U·I·D·E 어른들이 거인국에 가 본 뒤에 어떤 변화가 일어날지 생각해 보면 거인국으로 보내자고 하는 까닭을 알 수 있습니다.

6 아이들이 어른들 입장에서 만든 세계에서 불편함을 느낀다는 것을 어른들이 알아주기를 바란다.

7 이장이 없으면 우두머리 없는 마을이 되기 때문에
G·U·I·D·E 인물의 생각을 알려면 인물의 말과 행동을 살펴봅니다.

8 집을 짓고 쟁기를 만드는 일을 한다.

9 괭이며 낫이며 칼을 대장장이가 만들어야 농부들이 농사를 지을 수 있기 때문에

10 이 마을은 어렵고 힘든 일이 있으면 서로 도와주며 사는 평화롭고 행복한 마을일 것이다. 그렇게 생각한 까닭은 마을 사람들이 모두 자기보다 남을 먼저 생각하고 자신을 희생하려는 희생 정신이 투철하기 때문이다.

02 아는 것이 힘

1 놀이동산에서 세계 의상 행렬에 대해 안내하는 방송

2 (장미 광장) → (마법의 성) → (회전 비행기 입구) → (정문 광장)

3 • 가장 먼저 할 일 : (재료 준비)
• 가장 나중 할 일 : (주걱으로 골고루 저어 주기)
G·U·I·D·E 떡볶이 만드는 방법을 순서대로 정리해 보고 가장 먼저 할 일과 나중에 할 일을 씁니다.

4 떡이 딱딱하면 맛이 없기 때문에

5 씨앗을 퍼뜨리는 방법은 식물마다 다릅니다.

6 G·U·I·D·E 중심 내용을 예를 들어 자

세히 설명하는 내용을 찾아 정리합니다.

세부내용	민들레는 씨앗이 바람을 타고 멀리 날아감.
	봉선화는 열매가 익으면 저절로 터져서 씨앗이 흩어짐.
	도깨비바늘은 동물의 털이나 사람의 옷에 달라붙어 멀리 옮겨 감.
	참외는 동물들이 먹고 똥을 누어서 퍼짐.

7 우리 조상은 오래 전부터 태권도를 즐겼다.

8 • 품새 : 공격과 방어의 기본 기술을 연결한 연속 동장
 • 겨루기 : 품새로 익힌 기술을 두 사람이 겨루어 보는 것
 • 태권도는 세계 여러 나라가 배우는 운동이다. / 태권도는 여러 나라에서 인기가 많은 운동이다.

03 여러 가지 생각

1 젊은 선비가 약속을 지키지 않았기 때문에
 G·U·I·D·E 젊은 선비가 한 행동을 자세히 살펴보면 나이 든 선비가 그와 같이 말한 까닭을 알 수 있습니다.

2 작은 약속이라도 잘 지켜야 한다.

3 • 나이 : 14세 이하
 • 장소 : 도로

4 자전거 안전사고는 14세 이하의 어린이에게 가장 많이 일어난다, 자전거 안전사고는 도로에서 가장 많이 일어난다.

5 14세 이하 어린이를 위한 자전거 안전교육을 한다. / 자전거 전용도로를 이용한다. / 안전모와 보호대를 착용하고 자전거를 탄다.
 G·U·I·D·E 자전거 안전사고가 일어나는 원인을 파악하고, 문제점을 해결하는 방법을 제시합니다. 방법을 제시할 때에는 문제와 해결 방안이 밀접한 관련이 있는지, 해결 방안이 실현 가능한지, 해결 방안이 바람직한지 생각해 봅니다.

6 나는 셋째가 공주의 병을 고치는 데 가장 큰 공을 세웠다고 생각한다. 왜냐하면 공주가 병에 걸린 것을 알았다고 하더라도, 마법 양탄자를 타고 궁궐로 빨리 날아올 수 있다고 하더라도 마법 사과가 없었다면 궁궐에 올 생각을 못했을 것이기 때문이다.

사회 술술
01 내 생각은 이래

1 삼면은 바다로 열려 있어서 해상 무역이 가능하고 한 면은 대륙과 연결되어 있어서 대륙 진출도 쉽다.
 G·U·I·D·E 우리나라는 세 면이 바다에 싸이고, 한 면은 육지에 이어진 반도 국가이며, 주변에는 중국, 일본 등의 나라가 있어 이웃 국가와의 교류가 활발하다는 장점이 있습니다.

2 지구본을 통해서 우리 눈으로는 볼 수 없는 지구 전체의 모습을 알 수 있다. / 지구본을 통해서 여러 나라의 위치를 한눈에 알 수 있다.
 G·U·I·D·E 지구본은 지구를 작게 축소하여 자유롭게 회전할 수 있도록 장치한 둥근 통 위에 지구 표면의 해륙과 산천, 경선과 위선, 지명 따위를 그려 넣은 모형으로 지구 전체의 모습을 살펴볼 수 있고, 여러 나라의 위치를 파악할 수 있

습니다.

3 주소를 알면 원하는 곳의 위치를 쉽게 찾을 수 있다. / 주소를 알면 다른 사람에게 위치를 알려 줄 때도 편리하다.
G·U·I·D·E 주소는 어떤 곳의 위치를 나타낸 것으로, 주소를 알면 그곳의 위치를 쉽게 찾을 수 있고, 다른 사람에게 위치를 알려 줄 때도 편리합니다.

4 고장의 높은 곳, 도로의 위치 등을 알 수 있다.
G·U·I·D·E 하늘에서 고장의 모습을 내려다보면, 고장의 높은 곳과 낮은 곳, 물이 흐르는 방향과 건물의 위치, 도로와 마을이 자리 잡은 곳 등을 알 수 있습니다.

5 과수원은 인문환경이다. 왜냐하면 과수원인 인간이 자연환경을 이용하여 과일을 재배하는 것이기 때문이다.
G·U·I·D·E 자연환경은 지형, 기후, 토양 등이고 인문환경은 인구, 교통, 산업, 문화, 경제, 교육 등입니다. 과수원은 인간이 자연환경을 이용하여 만든 것이므로 인문환경입니다.

6 지형에 따라 고장 사람들이 땅을 이용하는 모습이 달라집니다. / 지형에 따라 고장 사람들의 사는 곳, 여가 생활, 교통 시설 등이 달라집니다.
G·U·I·D·E 지형은 땅의 생긴 모양이나 형태로, 지형에 따라 고장 사람들이 땅을 이용하는 모습이 달라집니다. 그리고 고장 사람들의 사는 곳, 직업, 교통 시설 등에도 영향을 미칩니다.

7 기후에 따라 사람들이 사는 곳, 입는 옷, 먹는 음식이 달라진다.

8 인간은 자연환경을 떠나서 살 수 없기 때문에 환경과 조화롭게 살기 위해 노력하는 것이다.

9 ⑴ 해준이가 사는 고장 : 농촌
⑵ 그렇게 생각한 까닭 : 고장 사람들이 대부분 농업에 종사하고 있는 것으로 보아 해준이가 사는 곳은 논과 밭이 많은 농촌이다.

10 그림지도를 볼 때 편리하다. / 정확한 위치나 길을 설명할 때 편리하다.

11 우리 조상들은 자연 현상을 보고 방위를 알아냈다.
G·U·I·D·E 나침반이 없던 시절의 우리 조상들은 밤에는 북극성의 위치로, 낮에는 해의 위치로 알아봤고, 나무의 나이테를 본다든지, 산등성이의 눈 녹는 모습을 관찰한다든지, 묘지의 머리가 어디인지 알아본다든지 하는 방법으로 방위를 알아냈습니다.

02 고장의 자랑

1 생생한 증언을 통해 고장의 발자취를 알 수 있다.

2 사람들의 의식주, 생활양식 등을 알 수 있다.
G·U·I·D·E 지명이란 사람들이 땅 위에서 살아가면서 필요에 의해 부여한 이름으로, 지명에는 우리 고장에서 살았던 사람들의 의식주, 생활 양식, 풍속, 습관, 사상, 감성 신앙, 신실 등이 담겨 있습니다.

3 자랑스러운 일을 기념하기 위함
G·U·I·D·E 기념비는 자랑스러운 일을 기념하기 위해 세워 주는 것으로 기념비에는 사건이 일어난 때와 장소, 참여한 사람, 사건이 일어난 원인, 과정, 결과, 고

장에 미친 영향, 고장 사람들의 고마운 마음 등이 들어갑니다.

과학이 술술
01 우리 생활과 물질

1 물질은 물체를 만드는 재료를 말한다.
   G·U·I·D·E 물체는 지우개, 가위, 책상처럼 구체적인 모양과 크기가 있는 것이고, 물질은 물체를 이루는 성분이나 재료를 말하는 것입니다.

2 (가) 물체는 한 가지 물질로 이루어진 물체이고, (나) 물체는 두 가지 이상의 물질로 만들어진 물체이다.
   G·U·I·D·E 컵, 지우개, 못은 한 가지 성분이나 재료로 이루어진 물체이고, 자전거, 가위, 시계는 두 가지 이상의 물질로 만들어진 물체이다.

3 가볍다, 잘 깨지지 않는다.
   G·U·I·D·E 유리는 투명하여 속이 잘 보이고, 뜨거운 열에도 잘 견딥니다. 그러나 잘 깨지는 성질이 있습니다. 그러나 플라스틱은 부드럽고 가벼우며 쉽게 깨지거나 부서지지 않습니다.

4 유리컵은 쉽게 깨지고 무겁지만 종이컵은 쉽게 깨지지 않고 가볍기 때문이다.
   G·U·I·D·E 유리는 깨지기 쉽고 무거운 성질을 가졌고, 종이는 가볍고 잘 깨지지 않는 성질을 가졌습니다.

5 액체는 담는 그릇의 모양에 따라 모양은 변하지만 그 양은 변하지 않는 물질의 상태이다.
   G·U·I·D·E 물, 주스, 우유, 간장 등은 담는 그릇에 따라 모양이 변하고, 흐르는 성질이 있습니다. 그리고 모양은 변하지만 양은 변하지 않습니다.

6 공기는 느낄 수 있고 우리 주변에 항상 존재하고 있음을 알 수 있다. / 우리 주변에 바람이 있다는 것을 알 수 있다.
   G·U·I·D·E 공기는 지구를 둘러싸고 있는 대기를 구성하는 색깔이 없고 투명한 기체를 말해요. 보이지는 않지만 우리 주위에는 공기가 있어요. 공기는 여러 가지 기체로 이루어져 있지요. 펄럭이는 깃발이나 돌아가는 바람개비를 보면 공기가 있음을 알 수 있답니다.

7 열기구 띄우기, 보트나 요트 타기

02 자석의 성질

1 자석에 붙는 물체는 모두 철(쇠)로 만들어졌다.
   G·U·I·D·E 자석은 철을 끌어 당기는 성질을 가진 물체로 자석에 붙는 물체는 모두 철로 만들어졌습니다.

2

까닭 : 자석의 양 끝 부분이 클립이 많이 붙는 자석의 극 부분이기 때문이다.
   G·U·I·D·E 자석에서 클립이 가장 많이 붙는 부분이 자석의 극으로 자석에서 힘이 가장 센 부분입니다. 막대 자석의 극은 양 끝 부분에 있습니다.